역사가 보이는 불교 이야기

역사가 보이는 불교 이야기

역사가 보이는 불교 이야기

초판 1쇄 발행 | 2011년 8월 15일
초판 4쇄 발행 | 2019년 7월 15일
편저자 | 김세중
발행인 | 김상철
발행처 | 휘닉스드림
등록 번호 | 제300-2007-90호
주소 | 서울특별시 종로구 종로1가 르메이에르 1117호
전화 | 02)723-1188 **팩스** | 02)735-5501
ISBN | 978-89-93335-45-3 03220

역사가 보이는
불교 이야기

김세중 편저

우리 곁에 살아 숨쉬는 불교,
그 역사를 찾아 떠나는 문화여행

휘닉스

역사는 재미있고
문화는 신비하다

우리나라 문화재의 대부분은 불교의 유산이라 할 수 있다. 국보와 보물로 지정된 문화재만 보더라도 불교유산이 많은 부분을 차지하고 있다. 따라서 불교는 우리나라 역사와 문화의 중심이자 핵심 역량이었으며, 지금도 혼탁한 세상을 살아가는 우리들의 찌든 마음을 정화시켜주는 역할을 톡톡히 하고 있다.

지난해 스님으로는 가장 많은 저서를 집필하신 법정스님이 입적하시고 나자 온 국민이 애도와 함께 절을 찾는 사람들이 늘어나면서 불교에 대한 관심이 어느 때보다 높아졌다고 할 수 있다. 또한 법정스님의 저서는 출판 사상 그 유래를 찾아볼 수 없을 정도로 인기를 구가하고 스님의 대표 저서인 「무소유」는 한바탕 회오리바람을 일으키고 나서 무소유를 실천하신 그분의 유언대로 스님의 저서는 지난해를 끝으로 모든 서점에서 조용히 사라지고 말았다. 이렇듯 불자의 욕심 없는 가르침은 많은 사람들의 심금을 울리고 마음을 충만하게 하였다.

이 책은 우리민족에게 불법이 전해지면서 겪게 되는 재미있는 이야기와 역사를 알기 쉽게 시대에 맞춰서 정리하였다. 고구려 소수림왕 때부터 전래되어온 불교는 우리의 생활양식과 사회적인 부분에서 한국사에 절대적인 힘을 발휘해 왔다.

불교는 평화, 평등, 인권의 종교라 할 수 있다. 현대에 들어 세계 곳곳에서 민족, 지역, 종교사이의 갈등과 전쟁이 벌어지고 과학문명, 물질문명, 환경파괴의 범람으로 정신문화와 생활문화가 황폐해지고 있다. 이런 현실에서 불교 본래의 가르침은 인간회복의 길잡이가 될 수 있을 것이다. 왜냐하면 불교는 서로 평화를 모색하는 상생의 종교를 지향하고 있기 때문이다.

불교는 삼국시대 중엽으로부터 고려에 이르기까지 약 1천 년 동안 우리 민족의 정신세계를 지배해 온 거대한 세력이었다. 삼국시대에 한반도에 전래된 불교는 철학은 말할 것도 없거니와 그밖에 문학, 예술, 정치, 사상으로부터 풍속과 관습에 이르기까지 어느 것 하나 불교의 영향을 받지 않은 것이란 거의 없을 정도였다. 누가 되었건 불교를 언급치 않고는 우리의 문화를 설명할 수 없다.

따라서 우리나라의 역사, 특히 고대사를 연구함에 있어서는 무엇보다도 먼저 불교에 대하여 손을 대지 않으면 명확한 해답을 얻어낼 수 없다고 해도 과언은 아니다. 이런 관점에서 볼 때 우리 역사의 상고사와 중고사를 이해하는데 있어서 불교는 절대적인 영향을 미치고 있다.

이 책은 불교가 가장 위대한 종교이고 훌륭한 종교라는 일방적인 입장에서 말하지 않았다. 이 지구상에는 많은 신도와 세력을 지닌 종교가 상당수 있다. 그 정도의 신도를 확보하고 그만한 종교적인 세력을 펴고 있다는 것은 제각기 그럴만한 이유가 있는 것이기 때문이다. 그리고 어느 종교나 무조건적으로 자기가 제일이라는 논리는 성립되지 않는다. 모든 것은 객관적으로 평가되어야 하고 과연 종교의 세계에서 어느 종교가 가장 좋고 위대하다는 식으로 비교평가는 바람직하지 않기 때문이다.

이 책은 불교의 어느 면이 우리의 의식구조에 영합되어 천년 이상의 긴 세월 동안 우리의 정신세계를 지배하면서 오늘에 이르게 되었는지를 심층적으로 분석하여 현대인들이 무언가 새로운 의미를 찾는데 도움이 되게 하기 위하여 많은 힘을 기울였다. 그리고 누구나 자연스럽게 불교에 다가갈 수 있도록 알기 쉽고 재미있게 쓰려고 노력했다.

이 책의 내용 중 해인사의 창건 이야기는 이렇게 전개된다.

중국 양(梁)나라의 금성(金城)에 보지(寶誌)라는 이름의 고승이 있었는데 죽을 때 자신이 써 둔 「동국답산기(東國踏山記)」라는 책을 제자들에게 내주면서 당부했다.

"내가 죽은 뒤에 해동에서 두 스님이 법을 구하러 올 것이니 전해주어라"

그로부터 3백 년 뒤인 당나라 시대에 신라에서 순응(順應), 이정(利貞) 두 스님이 찾아와 경전을 찾았다. 고승의 유언을 전해 들어온 중들이 「동국답산기」를 내어주며 상황을 설명하자 순응 스님은 고승의 무덤을 찾아 이레 동안 밤낮없이 예불을 올리며 법문 듣기를 청하였다.

7일째 되는 날 무덤이 스르르 열리더니 고승이 나타나 법문을 말씀하시고 승려들에게 물건을 건네며 말했다.

"너희 나라 우두산(于頭山) 서쪽에 법이 크게 흥할 곳이 있으니 돌아가

거든 하루빨리 그 곳에 절을 세우라”

말을 마치고 고승은 다시 무덤 속으로 들어갔다.

두 스님은 본국에 들어오자마자 곧 우두산으로 들어갔다. 한참 걸어가다가 사냥꾼들을 만나자 물었다.

“여보시오, 그대들은 사냥을 하느라고 이 산을 두루 돌아다녔을 터이니 이 산 속에 절을 짓기 마땅한 곳이 어디인지 알려주시오.”

그러자 사냥꾼들이 대답했다.

“여기서 조금만 더 가면 물이 있는 곳이 나올 것입니다.”

두 스님이 사냥꾼이 알려준 곳을 찾으니 산의 형세와 물의 흐름이 마음에 들었다. 스님들은 그 곳에 자리를 잡고, 참선에 들었는데 밝은 빛이 하늘 높이 솟구쳤다.

두 스님이 참선하던 자리에 절을 지었는데 이 절이 국보 32호로 8만대장경이 보관된 법보 사찰 해인사가 되었다.

이제 독자들께서는 우리나라 문화유산의 대부분이 불교를 통하여 만들어 졌다는 사실과 우리의 역사가 불교와 얼마나 가까운지를 알았을 것이다. 이제 불교 이야기와 함께 문화여행을 떠나 지적 호기심을 마음껏 채우시기 바란다.

편저자 김세중

차례

Chapter 2 부처의 기적이 일어나다

Chapter 3 부처의 현신을 본다

Chapter 4 절의 창건에 얽힌 이야기

Chapter 5 불교가 역사를 만든다

Chapter 1

불교는 어떻게 왔는가?

불교의 한국 전래

불교가 우리나라에 처음 들어온 것은 삼국 시대 고구려 소수림왕(372년) 때이다.

중국의 전진(前秦) 왕 부견(符堅)이 고구려에 보내는 사신 속에 고승 순도(順道)와 더불어 불상, 불경 등을 보냈다. 소수림왕은 답례로 진나라로 돌아가는 사신 편에 여러 가지 값진 물건들을 보냈으며 진나라 왕은 또다시 답례 선물을 보냈다.

그로부터 1년 후에 일찍이 진나라에 들어갔던 아도(阿道, 묵호자와 동일 인물로 추정)가 승려가 되어 고구려로 귀국했다.

아도의 어머니는 고도령(高道寧)이라는 고구려 여인으로 고구려에 사신으로 왔던 위(魏)나라 사람 아굴마(我屈摩)와의 사이에서 아도를 낳았다.

아도는 16세가 되었을 때 아버지를 찾아 중국 진나라로 들어가 현창

화상(玄彰和尙)의 밑에서 불법을 배웠고, 진나라의 사신과 함께 고국인 고구려로 돌아온 것이었다.

　두 승려를 위하여 소수림왕은 소문사(肖門寺)와 이불란사(伊弗蘭寺)라는 두 가람을 창건하여 소문사에는 순도를, 이불란사에는 아도를 머물게 하였다. 이것이 바로 우리나라 사찰의 시초이다.

　그로부터 20년 후인 광개토대왕(廣開土大王) 때에 이르러서는 불교를 믿어 복을 구하라는 왕명을 내리고 평양에 아홉 개의 사찰을 창건함으로써 점차 불교가 융성하게 되었다.

백제에 불교를 전한 마라난타

백제에는 침류왕(枕流王) 원년(384년) 9월에 중국 진(晋)나라로부터 호승(胡僧)이니 마라난타(摩羅難陀)가 들어왔다.

마라난타는 본래 인도의 승려였는데 중국으로 들어가서 불교 진흥에 힘쓰다가 한반도에 올 인연으로 백제에 오게 된 것이다. 인도 출신의 승려가 중국을 거쳐 백제 땅에 들어온다는 소식을 들은 침류왕은 직접 교외에까지 나가 마라난타를 맞이하였고, 왕실에 거처를 마련해 주고 정성스럽게 공양을 하면서 불교의 진리를 배웠다. 이듬해에는 한산(漢山)에 절을 지어 그를 머물게 하였는데, 안타깝게도 그 절의 이름은 전해지지 않지만, 백제 불교 사찰의 시초라 할 수 있다.

금강산을 선택한 쉰셋 불상

　금강산에 있는 유명한 사찰 유점사의 기록에 따르면 우리나라에 불교가 들어온 시기는 고구려의 소수림왕 때나 백제의 침류왕 때보다도 훨씬 앞선 것으로 보인다.

　석가모니께서 인간의 몸으로 이 세상에 오시어 불교의 진리를 알리고 중생을 제도할 당시의 사위성(舍衛城) 안에는 90만 세대가 살고 있었다고 한다. 그 중 3분의 1은 석가모니 부처님으로부터 직접 불법을 들었고, 3분의 1은 직접 부처님은 뵙지는 못하고 부처님께서 불교를 설법하신다는 말만 들었고, 나머지 3분의 1은 석가모니 부처님께서 인간의 몸으로 이 세상에 오시어 불교를 설법하셨다는 사실조차 알지 못했다.

　석가모니 부처님께서 열반하신 뒤에 문수보살(文殊菩薩)께서 다른 훌륭하신 스님들과 더불어 중생들을 깨우칠 때에, 전에 석가모니 부처님의 모습을 직접 보지 못하고 소문만 들었던 사람들이 크게 후회하며 슬퍼하였다. 그러자 문수보살께서 그들에게 말했다.

"너희들이 직접 뵙지 못한 석가모니 부처님을 그토록 사모하니 차라리 부처님의 모습을 만들어 모시는 것이 훨씬 좋을 것이다."

그러면서 중생에게 각자 마음속으로 생각하는 석가모니 부처의 모습을 만들어 보도록 했다.

이에 사람들이 금을 모아 석가모니 부처의 상을 만들었는데, 문수보살께서는 받아들인 금 중에서 불 속에 넣어 녹는 것은 받아들이고 녹지 않는 것은 다시 주인에게 돌려주었다고 한다. 이 부분은 금의 가짜 여부를 가렸다기보다 부정한 방법으로 모은 금은 지혜의 눈으로 가려서 불 속에서도 녹지 않게 함으로써 받아들이지 않았다는 뜻으로 이해할 수 있을 것 같다.

사람들이 형편껏 가져온 금의 양이 각자 달랐으므로 불상의 크기 또한 한 자(尺)에 이르는 것부터 한 자가 못되는 것 까지 각양각색이었다. 그 중에서 석가모니 부처님의 모습을 가장 많이 닮은 불상 쉰흔 셋을 골라서 자세한 기록과 함께 종속에 넣고 철로 만든 덮개로 그 종을 덮어서 바다에 가라앉힌 후 문수보살께서 뱃머리에 서서 다음과 같이 간절히 빌었다고 한다.

"석가모니 부처님이시어, 하루 바삐 인연이 있는 땅에 낳으시어 편히 계시옵소서. 저도 또한 여래의 법을 설하여 말세의 중생을 구제하는데 정성을 다 하겠나이다."

그러자 물에 가라앉았던 철종이 다시 바다 위로 떠올랐고, 바다에서 용이 나타나 머리로 철종을 떠받들고 월씨국(月氏國)에 이르렀다. 월씨국

국왕이 철종의 불상과 기록을 읽고 크게 감동하여 훌륭한 전당을 지어 철종을 모셨다. 그 후 어느 때인가 원인 모를 불이 나서 전당이 불에 타버리자 다시 전당을 지어 불상이 들어 있는 철종을 모시었다. 그러던 어느 날 석가모니 부처님께서 갑자기 월씨국 왕의 꿈에 나타나서

"내가 이 땅에 머물지 않겠으니 만류하지 말라."

라고 말씀하시고 사라지셨다. 월씨국의 왕은 몹시 섭섭하였으나 할 수 없이 부처님의 말씀에 따라서 불상을 다시 철종 속에 봉안하고 다음과 같이 맹세하였다.

"불종(佛鐘)이여! 다른 인연이 있는 땅으로 갈지어다. 나는 나의 신하 수천 명과 더불어 마땅히 호법선신(護法善神)이 되어 항상 따라다니면서 수호하겠노라"

그런 후에 다시 백금으로 또 다른 덮개를 만들어서 자신의 맹세를 새겨 넣은 후에 불상을 봉안하고 이전의 철로 된 덮개를 덧씌워서 친히 바닷가로 나가 띄워 보냈다.

철종은 다시 바다를 떠돌다가 마침내 한반도의 안창현(安昌縣) 포구에게 되니 이곳이 바로 오늘날 강원도 고성군에 있는 서면 땅이다. 바다에 떠 있는 철종을 보고 기이하게 생각한 포구 사람들이 관헌에게 그 사실을 알렸으나, 그날 저녁 불상은 스스로 움직여 종을 메고 육지에 오르더니 어디론가 사라졌다. 현감이 이 소식을 듣고 현장으로 달려가 보니 신기하게도 불상이 육지에 내렸던 자국이 여기저기 진흙 위에 남아 있고, 금강산으로 이어지는 길의 풀과 나무가 온통 짓눌려 있어 무언가가 지나간 자리가 분명했다. 그 길을 따라 30여 리쯤 올라가자 불상들이 휴식을 했던

흔적 또한 뚜렷하게 남아 있었다. 그곳으로부터 일 천 걸음쯤 올라가자 문수보살께서 스님의 모습으로 나타나시어 불상이 간 곳을 가르쳐 주었으니 그곳이 오늘날의 문수촌(文殊村)이다. 다시 30여 리를 올라가자 카다란 바위고개가 나타났는데, 그 바위 위에 한 여승이 걸터앉아 있었다. 관헌들이 여승에게 불상이 어디로 갔느냐고 묻자 여승은 똑바로 서편으로 가라고 말하고 순식간에 사라졌다. 그 여승은 문수보살의 화신이었고, 그 후 여승이 앉아 있던 바위는 니무암(尼舞嵒) 또는 니대(尼臺)라는 이름으로 불리게 되었다.

여승으로 화신한 문수보살의 말대로 계속 나아가자 수많은 봉우리가 첩첩산중을 이룬 가운데 구불구불한 길이 보였고, 그 길을 따라 올라가자 갑자기 하얀 개 한 마리가 꼬리를 치면서 앞장을 섰다. 그때부터 그곳을 개가 나타난 고개라고 하여 구령(拘嶺)이라 불렀으며, 구령을 넘느라 목이 마른 관헌들이 샘을 파서 물을 마신 자리를 노승정(盧承井)이라 불렀다.

그곳으로부터 6백여 걸음을 더 가자 앞장서서 가던 흰 개가 사라지고 어디선가 노루 한 마리가 나타나 사람들을 안내했다. 그러나 점시 후 노루도 사라지고 사람들은 나무가 우거진 숲속에서 길을 잃어버렸다. 그때 몸도 마음도 지친 사람들의 귀에 은은한 종소리가 들려왔다. 그 종소리를 따라 고개를 넘으니 그곳을 장령(獐嶺) 또는 환희령(歡喜嶺)으로 부르게 된다.

고개를 넘고 개울을 건너자 어느 마을의 입구가 나타났는데 잣나무가 우거진 가운데 커다란 연못이 있었다. 그 연못 북쪽에 바람막이로 심어놓은 커다란 나무가 서 있었는데, 종이 그 나뭇가지에 걸려 있고, 그 아래쪽 연못 가장자리에 불상들이 줄지어 앉아 있었다. 그 주위엔 처음 맡는 향기가 가득했고 하늘에는 신비로운 그늘이 드리워져 있었다.

불상의 온화하고 엄숙하면서 자비로운 자태를 우러러 본 현감과 관헌들은 스스로 땅에 엎드려 수없이 절을 했다.

그 후 감영으로 돌아온 현감은 사람을 보내어 왕에게 이 사실을 알리자 왕이 친히 그곳을 찾아 예불을 올리고 불교에 귀의(歸依)하였으며, 그곳에 절을 세워 불상을 모셨다. 이 때가 신라 남해왕(南海王) 원년이며 중국 한(漢)나라 평제(平帝) 4년으로 중국에 율법(律法)이 시행되기 65년 전의 일이다.

그런데 쉰셋 불상을 모신 곳에는 샘물이 없어 생활하기가 여간 불편하지 않았는데, 어느 날 난데없이 한 무리의 새가 절의 동북쪽에 모여 지저귀다가 내려앉아 땅을 쪼아대니 샘물이 솟아났다. 이 우물을 새들이 만든 우물이라 하여 조천정(鳥泉井)이라 부르게 되었다.

그 뒤 한 스님이 불상이 오랫동안 향불에 그을려 거무스름해진 것을 보고 잿물을 끓여 목욕을 시키려 할 때 갑자기 허공에 번개가 치고 큰 비가 내리며 오색구름이 일어났다. 그 순간 불상 50개가 서까래 위로 날아올라가 앉았고, 나머지 불상 3은 공중으로 치솟아 사라졌다. 그러자 잿물을 끓여 부처님을 목욕시키려던 스님은 갑자기 광기를 일으켜 죽고 말았다.

훗날, 승려 황충이 부족한 세 개의 불상을 다시 만들어서 함께 모셨으나 예전의 불상들이 배척하며 받아들이지 않았다. 그날 저녁, 종전의 50

불상이 황충의 꿈에 나타나서 절대로 다른 불상으로 수를 채우지 말라고 이르기까지 했다.

그 뒤 하늘로 치솟았던 불상이 간 곳이 밝혀졌는데, 한 분은 수정사(水精寺)북쪽 절벽 위에, 나머지 두 분은 구룡연(九龍淵)의 만절벽(萬絶壁) 위에 계셨다. 수정사 절벽 위의 불상은 스님들이 사다리를 타고 올라가 모셔왔지만, 구령연 만절벽 위의 불상 하나는 간신히 모셔오고, 나머지 하나는 사람의 재주로는 어찌할 수가 없어 그대로 그곳에 모셨다고 한다.

그 밖에도 이 철종에 얽힌 기이한 이야기가 매우 많지만 모두 다 기술할 수가 없다.

부처님의 산, 금강산

대방광불화엄경제보살주전품(大方廣佛華嚴經諸普薩住殿品) 제 31에 보면 금강산을 바다 한가운데에 떠 있다고 표현하였다. 그것은 전혀 허황된 얘기가 아니라고 생각한다. 금강산의 위치가 정말로 바다 가운데 떠 있는 섬과 같을 뿐만 아니라, 금강산 줄기는 다시 바다 쪽으로 이어져 동해안에서 해금강(海金剛)으로 솟아오르기 때문이다. 또한 바다 깊숙이에 무수한 암석이 어지럽게 널려 있는 것도 경문의 내용을 보충해 주는 듯하다.

중국의 청량국사(淸凉國師)도 이를 시인하여 화엄경에 다음과 같은 주석을 달았다.

'금강은 동해근동(東海近東, 중국에서 본 방향)에 있는 산의 이름으로 조선의 금강산을 칭하는 것이다'

'여기에 여러 보살이 1천2백이다'

또한 진(晋)나라에서 번역한 같은 경에는 '1만2천 보살' 같은 구절이
나온다.

원 경전을 해득할 수 없는 필자로서는 아직 어느 것이 정확한 번역이
고 어느 것이 오역인지를 가릴 수가 없다. 하지만 진나라 시대 번역본에
나오는 1만2천이라는 숫자가 금강산 봉우리 1만2천과 일치하고 있음을
주목할 필요가 있다.

금강산은 미래에 이 세상에 오실 미륵불(彌勒佛)께서 설법의 도량으로
삼으실 장소라고 알려져 있으니, 불교와 매우 인연이 깊은 산이라 할 것
이다.

인도의 쉰셋 부처는 무수한 땅들을 지나쳐 우리의 금강산에 머무를 것
을 선택했다. 그것이 우연일까. 그것이야말로 불가(佛家)에서 말하는 인
연(因緣)이 아닐까.

최초의 국제결혼
수로왕과 허황후

수로왕(首露王)은 가락국의 시조로 황금알에서 나왔다는 임금이다. 왕위에 오른 후 왕비가 없는 것을 안타깝게 여긴 아홉 부족의 부족장들이 수로왕에게 아뢰었다.

"대왕께서 아직 배필을 얻지 못하셨으니 저희들의 딸 중에서 용모와 재질이 뛰어난 사람을 뽑아 왕비로 맞아들이십시오."

그러자 수로왕이 대답하였다.

"나의 짝은 하늘에서 내려줄 것이니, 그대들은 걱정하지 말라."

그리고 유천간(留天干)이라는 신하를 불러 명령하였다.

"그대는 가볍고 빠른 배에 날랜 말을 태워 망산도(望山島, 가야국의 서울 남쪽에 있는 섬)에 가서 기다리라."

또 신귀간(神鬼干)이라는 신하를 불러 명령하였다.

"그대는 승점(가야국 서울 바로 밑에 있는 부둣가)에 가서 기다리라."

수로왕의 명령대로 유천간이 망산섬에 가서 기다리고 있으니 갑자기 한 척의 배가 붉은 비단과 깃발을 휘날리며 다가왔다. 유천간이 횃불을 올려 신호를 보내자 배가 섬에 도착했고 사람들이 배에서 내렸는데, 그 배 안에는 꽃보다 아리따운 여인이 타고 있었다. 신귀간은 즉시 대궐로 달려가서 왕에게 자신이 목격한 사실을 아뢰었다.

수로왕이 이 소식을 듣고 몹시 기뻐하며 다시 아홉 부족장들을 보내었다. 부족장들은 목련으로 만든 배를 타고 계수나무로 만든 노를 저어 그들을 데려오려고 했다. 그러나 꽃보다 아리따운 여인이 말했다.

"내가 그대들을 알지 못하는데 어찌 함부로 그대들을 따라가겠소."

유천간이 돌아와 그 말을 전하자 수로왕은 고개를 끄덕였다.

"당연한 말이다."

그래서 수로왕이 직접 신하들을 거느리고 대궐 밖 서남쪽으로 나아가 산기슭에 장막을 치고 기다렸다.

여인은 산 바깥쪽 나루터에 배를 매어두고 언덕 위에 올라가 잠시 쉰 후 자신이 입었던 비단 바지를 벗어 산신령에게 예물로 바쳤다. 여인이 자신의 몸에 감았던 옷을 보낸다는 것은 마음을 허락하는 행위로서, 왕비가 되겠다는 뜻이었다.

여인은 신보와 조광 두 신하를 비롯해 노비 20여 명과 값진 비단, 금은보화를 갖고 서남쪽으로 걸음을 옮겼다.

여인 일행이 가까이 이르자 수로왕은 직접 나가 그녀를 맞았고 함께 온 이들에게 음식과 잠자리를 마련해 주라고 명령했다.

장막 안에서 여인은 자신에 대해 말했다.

"저는 아유타국(인도에 있던 고대 왕국)의 공주로 성은 허요, 이름은 황옥이며 열여섯 살입니다. 제 아버지의 꿈에 하느님이 나타나시어 '동방 가락국의 수로왕은 하늘에서 보낸 임금인데 아직 배필을 구하지 못했으니 공주를 보내어 그의 배필이 되게 하라'고 말씀하셨습니다. 그래서 제가 배를 타고 떠났는데 파도신의 노여움을 사 더 이상 항해할 수가 없었습니다. 다시 본국으로 돌아가 부왕께 그런 사실을 말씀드리니 부왕께서 석탑 하나를 내어주시면서 배에 싣고 다시 떠나라 하셨습니다. 그 석탑을 실으니 파도가 일지 않았고 이제 이곳에서 귀한 분을 만나게 된 것입니다."

그 말을 들은 수로왕이 웃으며 말했다.

"나는 공주가 올 것을 미리 알고 있었소. 그래서 신하들이 왕비를 맞으라 권하였으나 듣지 않고 그대가 오기를 기다렸다오."

그리하여 수로왕과 아유타국 공주는 혼인을 하였고 슬하에 열 명의 왕자를 두었다. 그 중 두 왕자에게 황후의 성을 따르게 하니 이들이 김해 허씨의 시조이다.

허 씨 왕비가 본국에서 싣고 온 탑을 피사석탑이라고 하며 가락국의 수도인 금관(지금의 김해)에 있는 호계사에 모셨다고 전한다.

수로왕과 아유타국 공주의 결혼에는 이야기를 뛰어넘는 의미가 숨겨져 있다. 그것은 우리나라 최초의 국제결혼이라고 할 수 있으며 한국과 인도가 불교로 관계를 맺은 시기가 허황옥이 가락국에 온 서기 48년임을 의미한다. 이는 우리나라에 불교가 들어온 때가 고구려 소수림왕 때인 서기 372년보다 훨씬 앞선 시기임을 말해준다고 할 것이다.

인도에서 유학한 겸익

겸익(謙益)은 백제의 승려로 불도에 밝고 특히 계율을 엄하게 지켰다. 그 시대엔 한반도는 물론 중국에도 불교가 아직 널리 퍼지지 않았던 때여서 겸익은 어떤 고난이 닥치더라도 불교의 본고장인 인도에 가서 불교를 더 깊이 배우고 연구하고 오리라고 생각했다.

그리하여 길을 떠나 중인도(中印度)의 상가나사(常伽那寺)에 도착하게 되었는데 마침 그 사찰은 계율을 종(宗)으로 하는 유명한 사찰이었다. 범어(梵語. 산스크리트어 : 고대 인도의 표준문장어)를 통하여 법문(法文)을 배우기 시작한 겸익은 5년 만에 범어를 통달하게 되었고, 율부(律部)의 깊은 뜻을 깨쳐 삼장(三藏. *法·律·論*을 말함)에 능한 인도 승려와 함께 범어로 된 율장(律藏) 5부를 갖고 귀국했다.

백제 왕은 자신이 타는 가마와 궁중 악사들을 보내 겸익을 맞이하였고, 겸익이 가져온 경전을 흥륜사(興輪寺)에 모시고 범어에 밝은 역관(譯官) 28명을 선발하여 번역하게 하였다. 그리하여 한국 최초로 율부 12권의 번역본이 나오게 되었다.

백제, 일본에 불교를 전하다

이미 알고 있듯이 일본의 불교는 백제에서 건너간 것이다.

백제 성왕(聖王) 30년, 서부희(西部姬)와 달솔 사치계(達率斯致契) 등을 일본으로 보내면서 금동으로 만든 석가모니불과 미륵석불, 경전을 함께 보냈다.

또한 백제 성왕은 다음과 같은 글을 함께 보냈다.

"是法 於諸法中 最爲株勝. 周公孔子 尚不能知 能生無量福德 成朝無上苦是."

'이 법문은 여러 법문 중에서 가장 뛰어난 것으로 주공(周公)과 공자(孔子)같은 성현도 이를 온전히 알 수 없다. 배우면 한없는 복덕을 누리게 되고 더없이 나라도 부강해 진다.' 는 뜻의 글이었다.

하지만 일본의 여러 신하들은 이를 믿지 않고 배척하였으며 단지 소아도숙리칭(蘇我稻宿利稱)이라는 신하만이 크게 관심을 보였다. 이에 일본왕은 백제 성왕의 선물을 그에게 하사하며 석천가(石川家)에 절을 창건하고 불상과 경전을 그곳에 모셨다.

그 뒤에도 백제에서는 훌륭한 스님 열여섯 명과 기타 율사(律師)·선사(禪師)·비구니(比丘尼)·주제사(呪祭師) 등을 보냈으며 불상을 만들고 절을 세우는 기술자들을 보내어 일본 불교의 밑거름이 되었다. 오늘날 일본의 국보로 전하는 대부분의 불교미술품은 바로 이들 백제 사람들의 손에 의해서 만들어진 것이다.

살생을 금하노라

　백제의 법왕(法王)은 불심이 매우 깊었다. 그래서 불법에서 금지하는 살생을 국법으로 지키게 하였으며 관원을 시켜 민가에서 기르는 매와 앵무새 등도 모두 날려 보내게 하였다.

　뿐만 아니라 물고기를 잡는 작살과 그물까지도 모두 거두어 불태워 버리기까지 했다.

　신라에서도 법흥왕(法興王) 때에 살인을 금함은 물론 산 짐승을 기르거나 잡는 것, 죽이는 것을 금하였다.

왕흥사의 돌이 웃네

왕흥사(王興寺)는 백제 무왕(武王) 35년에 준공된 절이다. 이 절은 누각이 백마강에 가까이 있어 그 오색찬란한 모습이 백마강에까지 드리월질 정도로 장엄하고 화려했다고 한다.

누각의 그림자가 드리워진 강가에는 십여 명이 앉을만한 바위가 있는데 왕이 왕흥사에 길 때에는 민저 이 바위에 절을 하고 다시 노를 지이 웽흥사로 가서 향을 태우고 예불을 올렸다고 한다.

왕이 그 바위를 향하여 절을 할 때며 바위가 반기면서 빙긋 웃었다고 하며, 그래서 사람들이 그 바위를 웃는 바위, 즉 소석(笑石)이라 불렀다고 한다.

신라에 불교의 씨앗을 뿌린 묵호자

묵호자(墨胡子)는 고구려의 승려로 삼국유사에는 신라에 불교를 전한 또 다른 이름으로 역시 고구려의 승려 아도가 나오는데, 묵호자와 아도는 동일 인물로 추정된다.

묵호자는 신라 눌지왕(訥祇王)때에 신라의 영토인 일선군으로 왔는데, 얼굴이 남달리 검어서 흑호자(黑胡子)로 불리기도 했다.

당시는 신라에 아직 불교가 널리 유포되지 않았던 때여서 불교도들을 이단시하여 심한 박해를 가하고 있었다. 따라서 불교를 포교한다는 것은 감히 엄두도 내지 못할 그런 때였다. 더욱이 묵호자 또는 흑호자라는 이름에서도 알 수 있듯이 얼굴이 유난히 검은 이국인이었던 묵호자는 마음 놓고 포교활동을 할 수 없었다.

그러나 평소부터 남몰래 불교를 믿고 있던 일선군의 모례(毛禮)라는 시림이 이국의 승려 묵호자가 왔다는 소물을 듣고 달려가 묵호자를 집으로 맞아들였다. 모례는 집 뒤쪽의 바위굴에 묵호자를 숨겨주고 불교에 대한 많은 것을 배웠다.

이때 마침 중국 양(梁)나라에서 승려의 가사와 향(香)들을 사신 편에 보내왔으나 가사는 옷인지 알겠으나 향은 처음 대하는 것이어서 조정의 신하 어느 누구도 그것의 이름과 사용법을 알지 못했다. 그렇다고 체면상 그것을 가져온 양나라 사신에게 물어 볼 수도 없어 향을 궁 밖으로 가지고 나와 들고 다니면서 이것이 무엇이며 어디에 쓰는가를 아는 사람에게는 큰 상을 내리겠다고 외치고 다녔다. 바위굴에 숨어있던 묵호자는 그것이 좋은 기회임을 알고 나섰다.

"제가 그것을 설명할 수가 있습니다."

양나라 사신에게 망신을 당할까 크게 걱정하던 왕이 기뻐하며 묵호자를 불러 향을 보였다.

향을 본 묵호자가 미소를 지으며 말했다.

"이것은 향이라는 것입니다. 불에 태우면 좋은 향기가 진동하며 신성한 곳까지 올라갑니다. 신성한 곳이란 불·법·승, 삼보(三寶. 세 가지 보물)가 있는 곳이니 그보다 더 높은 곳은 없습니다. 삼보 중 첫째는 불(佛), 즉 부처님이요, 둘째는 법(法), 즉 가르침이며, 셋째는 승(僧) 즉 승려입니다. 부처님 앞에서 향을 피우고 기도를 하면 놀라운 효험을 이룰 수가 있습니다."

그 즈음 공주가 병이 났는데 백방으로 약을 써도 낫지를 않자, 왕이 묵호자를 불러 공주의 병이 낫도록 애쓰라 명령하였다. 묵호자가 향을 피우고 불경을 외우며 기도를 드리자 움직이지도 못하던 공주의 병이 씻은 듯이 나았다. 그러자 왕은 묵호자를 극진히 대접하였고, 천경림에 절을 지어 지내게 하였다.

법흥왕과 이차돈

법흥왕(法興王)은 신라 제 23대 왕으로 행정조직에 처음으로 병부(兵部, 지금의 국방부)를 두고 율령(律令)을 반포하는 등 높은 업적을 쌓았다. 또한 불교를 국교로 삼고자 했으나 토착 신앙을 믿는 신하들의 반대에 부딪혀 그 뜻을 펼 수가 없었다.

하루는 법흥왕이 신하들을 불러 말했다.

"나는 선왕이신 미추왕(味鄒王)께서 처음으로 불교를 선포하시고도 큰 공을 이루시지 못하고 돌아가신 것이 늘 가슴 아팠소. 그러니 이제 돌아가신 부왕이 뜻을 받들어 절을 세우고 불교를 널리 알리고자 하는데 그대들의 생각은 어떻소?"

그러나 신하들은 거세게 반대하였다.

"폐하, 최근 몇 해 동안 계속 흉년이 들어 백성들이 불안해하고, 더욱이 북방의 오랑캐들이 우리를 침범하려고 호시탐탐 노리고 있는 터에 어찌 백성들에게 힘들여 절을 지으라 시킬 수 있겠습니까? 폐하의 뜻은 깊이 이해하겠으나 명은 받들 수 없습니다. 뜻을 거두어 주소서"

아무리해도 신하들을 설득할 수가 없자 법흥왕은 부처님의 힘을 빌고자 날마다 마음으로 기도를 올렸다. 그 무렵 사인(신라시대 관직. 궁중에서 국왕, 왕세자를 모시는 직) 이차돈(본래 이름은 박염촉. 염(厭)은 신라 말로 이차(異次), 촉(觸)은 돈(頓)이다)이 왕의 고민을 알고 찾아왔다. 그는 불심이 매우 깊은 스물여섯(스물둘이라는 설도 있다) 살의 청년이었다.

"폐하, 진심으로 불교를 일으키고자 한다면 소신의 말을 들어주옵소서."

"어서 말해보아라. 네 말을 들어 부처님의 바른 법을 널리 펼 수만 있다면 내 기꺼이 들을 것이다."

"소신이 왕께서 크게 절을 지으라 했다고 소문을 퍼뜨릴 것인즉, 그때 왕께서는 왕명을 그릇되게 전했다 하고, 신의 목을 베소서."

그러나 왕이 어찌 생명을 죽여 불법을 펴겠느냐고 말하자 이차돈은 간절하게 말했다.

"제 목숨만큼 버리기 어려운 것은 없을 것입니다. 그러나 제가 저녁에 죽어 커다란 가르침이 아침에 행해지면, 부처님의 말씀이 널리 전해질 것이요, 임금께서도 길이 평안하실 것입니다. 소신이 부처님의 바른 법을 위하여 죽는다면 반드시 전에 없던 놀라운 일이 생길 것이고, 부처님의 신통력을 본 사람들이 마음을 바꿔 부처님을 믿을 것이옵니다."

이차돈의 깊은 마음을 헤아린 법흥왕은 마침내 그의 뜻을 받아들였다.

　그러자 이차돈은 왕이 천경림에 절을 지으라 하였다는 소문을 퍼뜨렸다. 천경림은 신라 귀족들이 성스럽게 여기는 장소였으므로 곧 신하들이 벌떼처럼 들고 일어나서 항의를 했다. 그러자 왕은 엄하게 명령을 내렸다.

　"나는 그런 명령을 내린 적이 없다. 당장 이차돈을 잡아들여 목을 베라."

　곧 이차돈이 형장으로 끌려나왔다. 그러나 죽음을 눈앞에 둔 이차돈은 두려운 빛이 없었다.

　"제가 죽는 것은 여러 중생들을 깨우쳐 부처님의 바른 법을 널리 펴기 위해서입니다. 저는 죽지만 부처님이 계시다면 반드시 기적이 일어날 것입니다."

　망나니의 칼이 번뜩이고 이차돈의 목이 허공으로 날아갔다. 순간 놀라운 일이 벌어졌다. 잘린 이차돈의 목에서 하얀 피가 솟구친 것이었다. 뿐만 아니라 사방이 어두워지더니 하늘에서 꽃잎이 비처럼 떨어졌다.

　믿을 수 없는 광경을 본 귀족들과 신하들은 두려움에 떨며 땅바닥에 엎드려 부처님께 자신의 죄를 빌었다. 그때부터 신라는 불교를 국교로 받아들였으니, 이차돈의 순교로 마침내 신라에서 불교가 꽃을 피울 수 있었다.

　사람들은 이차돈의 잘린 목이 떨어진 자리, 즉 경주의 소금강산에 자추사라는 절을 지었다. 그곳이 지금의 경상북도 경주시 동천동에 있는 백률사이다.

승려가 된 법흥왕

이차돈 즉 박염촉의 죽음이 있은 후에 신라의 불교는 빠른 발전을 보인다.

법흥왕 23년에는 천경림(天鏡林)의 나무를 베어내고 거기에 대왕흥륜사(大王興輪寺)라는 사찰을 지었다.

사찰이 완성되자 법흥왕은 왕위를 버리고 흥륜사에 출가하여 이름을 법공(法空)이라 바꾸고 삼의(三衣. 비구가 입는 세 가지 옷으로 대의(大衣), 중의(中衣), 하의(下衣))와 와발(瓦鉢. 승려가 걸식할 때 쓰는 질흙으로 만든 발우)을 곁에 두고 날마다 부처님의 도를 닦기에 여념이 없었다. 뿐만 아니라 법흥왕의 왕비도 또한 비구니가 되어 또 다른 사찰 영흥사(永興寺)에서 수도생활을 했다.

우리가 일반적으로 부르는 흥륜사는 바로 법흥왕이 창건한 대왕흥륜사로 신라 사찰의 시초라 할 수 있다. 처음에 그곳에 절터를 닦을 때에 땅

속에서 주춧돌, 돌우물 터, 돌계단 등이 나왔는데 이는 그곳이 옛 절터임을 밝혀주는 증거물이라 하겠다.

흥륜사에서는 이차돈의 순교를 기리기 위하여 순교일에 큰 법회를 열었으며, 그 후에 태종대왕(太宗大王)때에 이르러서는 재상인 김양보(金良輔)가 화보(花寶)와 연보(蓮寶)라는 두 딸을 흥륜사에 노비로 바칠 정도로 온 백성이 불교에 귀의하였다.

우리나라에 들어온
최초의 부처님 사리

    사리는 '석가모니나 성자의 유골, 화장한 뒤에 나오는 구슬 모양'을 말한다. 산스크리트어(梵語)인 '사리라' 라는 말의 한문 식 표기로 한문으로는 '舍利' 혹은 '奢利' 라고 쓴다. 쉽게 말해 사리는 정신의 결정체이다.

    사전의 뜻과 달리 사리는 부처님이나 성자의 몸에서만 나오는 것이 아니다. 이미 과학적으로도 밝혀진지 오래이지만 일평생 도둑질만 했고, 자나 깨나 도둑질할 것만을 골똘히 생각하다가 죽은 사람을 화장할 때에도 나오고, 일평생을 오로지 한 가지 일에만 몰두해온 과학자나 학자의 몸에서도 나온다고 한다.

    다시 말해 일평생을 쉬지 않고 오직 한 가지 일만을 생각한 정신력이 응결되어 옥수수나 녹두, 콩처럼 둥근 구슬 모양을 이루는데 시신은 불에 타더라도 이 사리는 불에 타지도 않고 썩지도 않는다고 한다. 그것은 진주조개가 몸속의 상처와 아픔을 이기기 위해서 자신의 분비물로 그 상처를 감싸서 진주를 만들어내는 원리와 같다. 진주조개는 죽어서 썩어 없어지지만 진주는 결코 썩지 않는다.

사리라고 해서 다 똑같지는 않다. 불도에 정진한 스님이나 과학자, 학자처럼 선한 일을 위해 일생을 바친 사람에게서는 유리알처럼 맑고 은은한 빛의 사리가 나온다. 그러나 도둑놈과 같이 검은 마음을 지닌 사람의 몸에서 나오는 사리는 색깔이 탁하고 검다고 한다.

우리나라에는 신라 진흥왕 10년에 최초로 부처님 사리가 들어왔다.

중국 양(梁)나라에서 오랫동안 유학을 한 신라사람 각덕 화상(覺德和尙)이 양나라의 사신을 따라 귀국하면서 부처님의 사리를 모시고 왔다.

소식을 들은 진흥왕은 신하들에게 명하여 예의를 갖추어 흥륜사 앞길에서 부처님 사리를 맞아들였다고 한다.

그러나 이것은 기록된 사실이고 부처님의 사리가 이 땅에 들어온 것은 훨씬 전인 고구려 때가 아닐까 싶다. 당시 우리나라는 모든 문물을 중국으로부터 받아들였다. 더욱이 고구려의 영토는 평양 이북과 만주까지 걸쳐 있었다. 그러니 중국과 멀리 떨어진 신라보다 불교와 부처님 사리가 더 빨리 들어왔을 것이라 짐작하는 바이다.

신라는 고구려와 백제를 누르고 삼국을 통일한 역사의 주체였다. 따라서 많은 기록들이 역사의 승자인 신라를 위주로 쓰였기 때문이다.

황룡사의 장륙존상

이차돈의 순교에 힘입어 사찰을 건립하고 불교를 널리 폈던 법흥왕의 뒤를 이어 왕위에 오른 사람이 법흥왕의 조카인 진흥왕이다.

진흥왕은 불심이 깊었고 백성들이 출가하여 승려가 되는 것을 허락하였다. 진흥왕 14년에 경주 월성(月城) 동쪽에 새로 궁궐을 지으려고 터를 다듬는데 난데없이 황룡이 나타났다고 한다. 깜짝 놀란 진흥왕은 그곳에 궁궐 대신 황룡사(皇龍寺)라는 절을 세웠다. 17년 만에 절이 완성되자 중국 진(陣)나라에서 경륜(徑輪) 2천 7백여 권을 들여왔으며, 팔관회(八關會. 신라 진흥왕때 처음 행해져 고려 시대에는 국가 행사로 치러진 종교 행사)를 개최하고 싸움터에 나갔다가 전사한 군사들의 명복을 빌었다.

절이 완성되고 22년 후인 574년에는 장륙존상(丈六尊像. 장륙은 불상높이의 한 기준. 보통 1장6척~약 3미터 84센티미터를 말한다)을 만들었다.

여기에는 다음과 같은 전설이 내려온다. 원래 인도의 아육왕이 천하를 평정하고 불교를 크게 일으켰는데 이미 부처님이 열반에 드신 후여서 그 것을 한탄스럽게 생각하였다. 그래서 아육왕은 철과 황금을 모아 세 번이나 불상을 조성하려고 하였으나 세 번 다 실패하였다.

아육왕에게는 왕자가 있었는데, 왕의 불상 조성 노력에 전혀 관심을 보이지 않자 왕자를 불러 크게 꾸짖었다. 그러자 왕자는 이렇게 대답했다.

"권력만으로는 불상을 조성할 수 없음을 잘 알고 있기 때문입니다."

이 말에 크게 깨달은 아육왕은 불상을 조성하는데 사용했던 철과 황금을 전부 배에 실어 바다에 띄우고 기원했다.

"어디든지 인연이 있는 곳에 닿아서 장륙존상이 만들어지길 바라나이다."

배는 물결을 따라 동남아시아의 여러 나라와 중국 해안선을 떠다녔으나 인연이 닿지 않았고 마침내 한반도의 동해쪽 신라의 하곡현 사포에 닿았다.

이때가 바로 신라 진흥왕이 황룡사를 막 완성했을 때였다.

사포 앞바다에 떠 있던 배는 그곳 바닷가 주민들에게 발견되었고 배에 실린 물건의 목록과 인도 아육왕의 편지가 왕에게 바쳐졌다.

배에는 철 5만7천 근과 황금 3만 푼 외에 장륙존상을 만들 때 표본으로 삼으라는 듯이 불상 하나와 두 보살상이 함께 실려 있었다.

진흥왕은 곧 하곡현에 신하를 보내어 현의 동쪽에 동축사(東竺寺)라는 절을 세워 아육왕이 보낸 세 부처상을 모시게 하고 철과 황금은 수도로 가져오게 했다.

　곧 아육왕이 보낸 철과 황금으로 장륙존상을 조성하였는데 불상이 순조롭게 완성되어 왕과 모든 신하들과 백성들이 크게 기뻐했다. 이렇게 조성된 불상은 무게가 3만 5천 근으로 황금 1만 98푼이 들어갔으며 두 보살상에는 철이 1만 2천 근에 황금 1만 316푼이 소요되었다. 이들 세 불상은 황룡사에 모셔졌다.

　이듬해에 기이하게도 이 세 불상의 눈에서 비 오듯 눈물이 흘러내리더니 흘러내린 눈물이 땅을 적시고 발목까지 차올랐다고 한다. 이를 본 신하와 백성들은 모두가 왕의 죽음을 예감하며 슬퍼하였다고 한다.

　그 후 선덕 여왕 때에 자장 율사(慈藏律師)가 중국의 오대산에서 문수보살을 만나게 되었는데 문수보살께서 이렇게 말씀하셨다.

　"너희 나라 황룡사는 이전에 석가여래께서 가섭불(迦葉佛. 불교 경전에 나오는 부처. 과거 세상의 일곱 부처 가운데 여섯 번째 부처)과 함께 강법을 하시던 곳으로 그때 가섭불이 좌선하셨던 돌이 아직도 남아있다. 아육왕이 실어보낸 황금과 철이 마침내 너희 나라에 이르러서 불상이 된 것은 다 그러한 인연이 있는 까닭이다."

　일연(一然)스님이 쓴 「삼국유사」에 의하면 황룡사 터는 석가모니 부처님 이전의 절터였고 부처님이 직접 앉아 설법하신 돌자리, 즉 연좌석(宴坐石)은 법당의 뒤편에 있었으며 꼭대기가 평평하였다고 한다. 그 돌은 두 번의 화재로 갈라진 것을 쇠로 붙여 보호하여 왔는데 몽골이 침입했을 때 땅 속에 파묻었다고 한다.

신라의 꿈, 황룡사 구층탑

자장율사가 중국 오대산(五台山)에서 문수보살을 뵈옵고 귀국하는 길
에 태화지라는 연못가(大和池)라는 연못가에 이르렀을 때였다. 홀연 신령
스러운 노인이 나타나 물었다.

"어찌하여 이곳에 왔는가?"

자장이 공손하게 대답했다.

"더없는 진리(無上菩捉)를 구하러 다니는 길입니다"

그러자 노인이 절을 하고 다시 물었다.

"그대의 나라에 무슨 어려운 일이 있는가? 어떤 재앙이 일어나지 않았
는가?"

자장율사는 이렇게 대답했다.

"우리 신라는 북으로는 말갈과 닿아 있고 남으로는 왜 나라가 가까이
있습니다. 또한 국경이 닿아 있는 고구려와 백제가 번갈아 침범하므로 백

성들의 고통이 매우 큽니다."

자장의 말을 귀담아 듣던 노인이 조용히 입을 열었다.

"신라는 여자를 임금으로 삼아서 덕은 있으되 위엄이 없소. 그래서 이웃나라들이 이를 얕보고 침범하는 것이니 하루빨리 신라로 돌아가시오."

이 말을 들은 자장율사가 다시 물었다.

"어찌하면 나라를 이롭게 할 수 있겠습니까?"

"황룡사의 호법룡(護法龍)은 나의 큰아들이오. 범천왕(梵天王. 범왕이라고도 함. 불법 수호를 상징하는 신)의 명을 받들어 그 절을 지키고 있으니 귀국하면 황룡사에 구층탑을 세우시오. 그리하면 아홉 오랑캐가 무릎을 꿇을 것이며 나라가 평안할 것이오. 또한 나를 위해 궁궐 남쪽에 작은 절을 지어준다면 그 은혜를 잊지 않을 것이오."

그리고 노인은 영롱한 사리 하나를 자장에게 넘겨주고 사라졌다.

선덕여왕 14년, 고국에 도착한 자장율사는 선덕 여왕을 만나서 황룡사에 구층탑을 세울 것을 부탁했다. 이에 선덕 여왕이 허락하여 9층탑을 세우기로 했으나 신라에는 그만한 탑을 세울 만한 기술자가 없었다. 결국 신라의 초청으로 백제 정부에서 아비지(阿非知)라는 기술자를 파견하여 탑 공사를 시작할 수가 있었다.

그런데 절의 기둥을 세우려는 날, 아비지는 꿈에서 조국 백제가 망하는 것을 보았다. 자신의 고국이 망하는 꿈을 꾼 아비지는 병을 핑계 삼아 하던 일을 멈추었다. 그 순간 땅이 흔들리고 하늘이 칠흑같이 어두워졌다. 그 어둠 속에서 노스님 한분이 장사와 같이 나타나 기둥을 세우고는 흔적도 없이 사라졌다.

　이를 본 아비지는 크게 뉘우치고 다시 일을 시작하여 3년 만에 구층탑을 완성시켰다.
　이렇게 세워진 9층탑의 전체 높이는 225척(尺), 약 80m에 이르며, 제1층은 일본, 2층은 중국, 3층은 오월(吳越), 4층은 탁라(托羅), 5층은 응류(鷹遊), 6층은 말갈(靺鞨), 7층은 거란(契丹), 8층은 여진(女眞), 9층은 예맥(濊貊)을 상징하였다.

고행을 이겨낸 무루선사

무루선사(無漏禪師)는 원래 신라의 왕자로 태어났으나 일찍 출가하여 중국에서 유학을 했다. 그 후 인도에 가서 직접 부처님의 자취를 찾아보고자 험한 산을 넘고 사막을 지나 인도로 향하였다.

그러던 어느 날 천룡지(天龍池)라는 곳에서 하루를 묵게 되었는데, 맑게 갠 하늘에서 뜻밖에 천둥번개가 치더니 어디선가 한 괴물이 나타나 확확 열기를 내뿜으며 온갖 요술을 부렸다.

그러나 선사는 조금도 두려워하지 않고 조용히 눈을 감고 참선에 들었다. 그러자 한참 후에 또 다른 괴물이 기어 나와 선사의 무릎 위에 머리를 얹고 무엇인가 애원하는 모습을 보였다. 이를 불쌍히 여긴 선사가 잔잔한 목소리로 불법을 이야기해주자 괴물은 스르르 사라졌다. 얼마 후 한 노인이 나타나서 엎드려 절하며 말했다.

"저는 조금 전에 나타난 괴물인데 스님의 자신은 조금 전에 나타난 괴물인데 스님 덕분에 지난날의 모든 죄업을 벗고 다시 인간이 되었습니다. 이곳에 부처님의 성상(聖像)이 있는데 그 효험이 대단하니 기도를 해보십시오.”

선사는 노인의 말대로 성상 앞에 선 채로 49일간 참선에 들어갔다.

그런데 참선에 들어간 지 며칠 되지 않아 몸에 종기가 생겼고 고통이 말할 수 없이 컸다. 하지만 선사는 조금도 움직이지 않았으며 종기가 난 왼쪽 종아리는 기둥처럼 부어올랐다. 그런 어느 날 조그마한 생쥐 한 마리가 나타나더니 종기가 난 선사의 종아리를 물어뜯기 시작했다. 누런 피고름이 한 말이 넘게 쏟아지고 나서야 부기가 빠졌으며 며칠 후에는 종기가 씻은 듯이 나았다.

고통을 이겨낸 선사는 큰 깨달음에 이르렀으며 후에 왕의 부름을 받아 왕의 스승으로 궁궐에 머물렀다. 선사가 입적했을 때에는 조용히 합장을 하고 참선에 들었는데 몸이 땅에서 한 자 가량 둥둥 뜬 상태로 열반에 들었다고 한다.

지장화상의 기적

　지장화상(地藏和尚)도 원래는 신라의 왕족이었다. 얼굴은 몹시 추하게 생겼지만 마음씨만은 더없이 인자하였다고 한다.

　머리를 깎고 출가하여 이곳저곳을 떠돌다가 중국으로 건너가 구자산(九子山)에 이르게 되어 그곳에 거하게 되었다. 한번 좌선에 들면 독충에 쏘이고 물려도 조금도 움직이는 일 없이 나무토막처럼 앉아서 꿈쩍도 하지 않았다.

　어느 때 한 아름다운 여인이 지장의 앞에 나타나서 예를 올리고 약을 바치면서 말했다.

　"내 어린자식이 무지하여 그런 죄를 범하였으니 용서하여 주신다면 샘물이 솟게 하여 죄를 갚겠나이다."

　그러자 지장이 좌선해 있는 바로 옆자리에서 맑은 샘물이 콸콸 솟아올랐다.

그로부터 며칠 후, 산 아래에 살던 사람들이 지장이 좌선하는 곳에 올라왔다가 험한 산 속에 오직 혼자서 음식도 먹지 않고 단정히 앉아 좌선에 든 모습을 보고 깜짝 놀랐다. 그들은 좌선에 든 스님을 도와줄 방법을 의논했고, 움막집을 지어 스님이 지낼 수 있게 하였다.

그 움막집은 머지않아 커다란 사찰이 되었고 이 소식이 신라에까지 알려져 스님을 찾아오는 신라 사람들의 발길이 끊이지 않았다. 수많은 사람들이 모이자 먹을 양식이 부족해졌고 모두 근심하였다. 그러자 지장 스님이 주변의 한 바위를 들어내고 그곳을 파보라고 하였다. 그곳을 파보니 밀가루처럼 하얀 흙이 드러났다. 스님은 이것을 양식과 섞어 밥을 짓도록 했다. 흙을 섞어 지은 밥은 조금도 서걱거리지 않았고 마치 밀가루를 반죽한 것 같았다.

서기 803년, 지장은 여름에 여러 대중을 불러 작별을 고하고 스스로 함 속에 들어가 가부좌하고 죽었다. 그의 나이 99세였다.

스님이 입적하는 날 산이 울고, 바위가 부서져 내렸다. 그로부터 3년 후에 스님의 시신을 탑 안에 옮겨 모시려고 함을 열어보니 피부와 머리카락이 살아있는 사람처럼 생생했고, 시신을 들어낼 때에는 쇠붙이 부딪히는 소리가 났다고 한다.

무상선사와 양식 연못

무상선사(無相禪師)는 원래 신라왕의 셋째 아들이었다. 왕자의 몸으로 부귀영화를 헌신짝처럼 버리고 출가하여 중국으로 건너가 갖가지 어려움을 겪으면서 도를 닦았다.

선사가 사람들이 오가지 않는 깊은 산골짜기의 바위 앞에 앉아서 좌선할 때에 갑자기 새까만 송아지 두 마리가 나타나서 무상선사에게 다가왔다. 송아지들은 무상 선사 앞에 앉아서 몸을 비벼대고 얼음처럼 차가운 털로 배를 더듬어 간질였다. 하지만 무상 선사는 전혀 움직이지 않고 그대로 앉아서 정진하였다.

어느 날은 무서운 맹수 두 마리가 앞에 와서 벌렁 드러누우므로, 선사가 그들에게 말했다.

"내 몸을 보시할 터이니 잡아먹으라."

그러나 맹수들은 선사의 머리에서부터 발끝까지 냄새만 맡아보고 돌

아갔다.

　이런 위험을 겪으면서도 조금도 흔들리지 않고 깊은 산에 묻혀 불도를 구하니, 옷이 갈기갈기 찢어진 것은 물론 머리도 한없이 길어져 포수가 짐승인 줄 알고 활을 쏘려한 일도 있었다.

　선사가 폐허가 된 집을 고치고 청소하여 그곳에서 수양을 할 때 산 아래 마을의 깡패가 20여 명의 무리를 끌고 와서 스님을 끌어내리려고 했다. 그러나 선사를 해치려고 하자 저절로 몸이 떨리면서 정신이 몽롱해지고 갑자기 회오리바람이 일어나더니 돌과 모래가 비처럼 쏟아져 내렸다. 무리가 크게 두려워하며 선사 앞에 엎드려 잘못을 빌자 그때서야 회오리바람도 잠잠해졌다.

　선사의 거처 아래쪽에 연못이 두 개가 있었는데 곡식이 없을 때에는 이 연못의 물을 양식으로 삼아 연명하셨다고 한다.

목숨을 건 인도 유학

삼국시대 승려들은 대부분 중국에서 유학을 했으며, 때로는 사막을 가로지르고 고원을 넘어 멀리 인도에까지 유학을 하였다. 그것은 불교의 발생지에서 불교의 정법을 배우려는 높은 열의였다.

교통시설도 미흡하고 많은 지역이 미개척 상태였던 그 당시에 중국과 인도로 유학을 간다는 것은 유학여행 자체가 고행이었다. 사실 수많은 승려들이 유학을 갔다가 돌아오지 못하거나 유학여행 중에 목숨을 잃는 경우가 많았다. 우리의 역사서에는 이름조차 남아 있지 않은 수많은 승려의 이름이 중국의 고전 역사서에 동양의 고승이란 이름으로 나오는 것도 그러한 까닭일 것이다. 그 먼 거리를 대부분 걸어서, 또는 작은 목선으로 큰 바다를 건너야 했으니, 그 불안과 고통, 위험이 얼마나 컸겠는가.

때로는 물 한 방울 찾을 수 없는 사막에서 찌는 듯한 태양열 아래 갈증과 배고픔에 시달려야 했고, 독충과 독사가 득실거리는 늪을 건너야 했

고, 맹수들이 돌아다니는 깊은 산 속을 헤매야했고, 도적떼를 만나 목숨
이 위태로운 상황을 만나기도 했을 것이다. 정말이지 목숨을 걸고 떠나는
유학길이었다. 그런데도 오직 부처님의 법을 구하기 위해서 고행을 자청
했던 것이다.

　지금 우리나라의 불교는 바로 그런 희생과 위험을 기꺼이 받아들인 승
려들이 있기에 가능했던 것이다.

사불산의 부처 바위

신라땅 죽령(竹嶺)을 넘어 1백여 리쯤 가면 산이 하나 높이 솟아 있다.

신라 진평왕 9년, 어느 날 하늘에서 커다란 바윗덩이가 이 산 꼭대기로 떨어졌는데 바위의 사방에는 여래의 모습이 새겨져 있고, 전체가 붉은 천으로 곱게 둘러싸여 있었다.

이러한 사실이 궁궐에 전해지자 진평왕이 친히 그곳으로 행차했다. 과연 보고대로 그 바위에는 여래의 모습이 정교하게 새겨져 있었다. 진평왕은 바위를 향하여 예불을 올리고 산의 이름을 사불산(四弗山)이라 지었다. 또한 바위 주위에 절을 짓도록 명했으며 그 절의 이름을 대승사(大乘寺)라 붙였다.

대승사가 완성이 될 무렵 절 주위에 기이한 모습의 승려 하나가 나타나서 묘법연화경(妙法蓮花經)을 외워댔다. 진평왕이 그를 괴이하게 여겨 대승사 주지의 임무를 맡겼다.

훗날 그 스님이 입적한 뒤에 화장을 한 다음에 뼈를 추려 장사를 지냈더니 무덤 위에 연꽃이 피어났다고 한다.

Chapter 2

부처의 기적이 일어나다

마음먹기 나름, 원효 대사

한국 불교 1천 5백 년의 역사를 통틀어 원효대사(元曉大師)만큼 한국 불교계는 물론 세계의 학계와 사상계에 커다란 영향력을 끼친 사람은 없을 것이다.

원효는 법명으로 새벽이라는 뜻이며, 원효의 본래 이름은 설서당이었다. 어릴 때부터 총명하여 따로 스승을 정해 배우지 않았음에도 학문이 뛰어났으며 출가하여 승려가 되고서도 읽는 경전마다 즉시 이해하고 풀이할 수 있었다고 한다.

당시는 당나라로 유학을 가는 것이 스님들의 최고 꿈이며 과정이었다. 진덕여왕 4년에 원효대사 역시 의상대사(義湘大師)와 함께 당나라를 향해 떠났다. 그러다가 어느 날 날이 저물고 비가 오므로 한 굴에서 잠을 자게 되었다. 긴 여행에 지쳐 있던 원효는 곧 잠이 들었다가 목이 말라서 눈을 떴다. 어둠 속을 더듬다보니 물그릇이 잡혔고 원효는 물그릇의 물을 달게 마셨다. 그런데 다음날 아침, 잠을 깨어보니 굴은 빈 무덤이었고 주위에는 해골이 뒹굴고 있었다. 해골 속에 고여 있는 썩은 물을 본 원효는 자신이 간밤에 마신 물이 해골에 고인 물이었음을 알게 되었다. 원효는 사실을 깨닫자마자 배가 끊어질 듯 구역질을 하기 시작했다.

그 일을 계기로 원효는 큰 깨달음을 얻게 되었다.

'목이 마를 때에는 해골에 든 물도 그렇게 달고 맛있더니, 그 물이 썩은 물임을 알게 되자 그토록 더럽게 느껴지는구나. 그렇지. 모든 더럽고 깨끗한 것이 결국 마음먹기에 달려 있구나.'

원효는 큰 소리로 외웠다.

    "유심생고종종법생(唯心生故種種法生)

    유심멸고촉촉법멸(唯心滅故觸觸法滅)"

마음이 생기면 여러 법도 생기는 것이며, 마음이 없어지면 법도 또한 없어진다는 뜻이었다. 원효는 의상에게 말했다.

"이제 당에 가지 않겠소. 불법이 내 마음 속에 있다는 것을 알았으니 나는 돌아가겠소."

그리하여 원효는 당나라 유학길을 포기하고 신라로 돌아왔다. 겉모습이 아닌 마음의 불법이 소중함을 깨달은 후였으므로 원효의 행동은 때론 파격적이고 때론 거침이 없었다. 계율을 엄격하게 지키지도 않았고 여인을 가까이 하거나 술과 고기를 입에 대거나 했다.

그러던 중 이유 없이 왕비의 머리에 종양이 생겨 용하다는 의원을 다 부르고 좋다고 하는 수백 가지 약을 다 썼지만 효과가 없었다. 크게 당황한 왕은 신하를 외국으로 보내어 약을 구하여 오도록 했다.

　왕명을 받은 사신은 배를 타고 즉시 당나라로 향했다. 한참 배를 타고 남으로 향하는데 갑자기 하늘이 어두워지고 파도가 일어나 배를 삼킬 듯했다. 그 파도 위에 갑자기 웬 노인이 나타나더니 배에 성큼 뛰어올라 사신을 이끌고 바다로 들어가 용왕을 만나게 하였다.

　용왕이 신라 사신을 보고 말했다.

　"지금 신라 왕비는 바로 청제(靑帝)의 셋째 따님이시다. 이 용궁 안에 아직 이 세상에 전해지지 않은 금강삼매경(金剛三昧經)이 있으므로 왕비의 병을 인연삼아 이 경을 세상에 널리 알리고자 하니 빨리 가지고 가거라."

　그런 후 용왕은 삼십 장쯤 되는 흩어진 경전을 사신에게 주면서 가는 길에 경전이 더럽혀지거나 없어지지 않도록 도력으로 사신의 배를 갈라 경전을 뱃속에 넣은 후 다시 배를 봉하고 이렇게 말했다.

　"이 경전은 반드시 대안성자(大安聖者)를 모셔다가 차례를 매겨 엮어야 하며, 원효대사를 청하여 주석을 달고 강론을 해야만 왕비의 병을 고칠 수가 있을 것이다. 그렇지 아니하고 비록 설산(雪山)의 아가타약(阿伽陀藥)을 구하여 쓴다 할지라도 아무런 소용이 없으리라"

　이어 용왕은 스스로 신라 사신을 바다 위까지 바래다주었다.

　다시 배에 오른 신라 사신은 아무리 생각해도 자신이 겪은 일이 신기하고 꿈만 같았다.

　사신은 즉시 배를 돌려 신라 땅으로 향했다. 귀국한 사신은 왕을 뵈옵고 자신이 겪었던 일들을 낱낱이 고하였다. 사신의 말을 들은 왕은 즉시 사람을 시켜 사신의 배를 갈라 경전을 꺼내도록 하였다. 경전을 꺼내는 동안 사신은 전혀 통증을 느끼지 않았고 경전을 꺼내고 나니 신기하게도 살갗이 저절로 봉합되었으며 흉터조차 남지 않았다.

왕은 크게 기뻐하며 즉시 대안성자를 찾아오라는 명령을 내렸으나 누구도 대안이 누구인지 알지 못했다. 할 수 없이 신하들은 대안성자를 찾는다는 방을 붙였다.

얼마 후에, 기묘하게 생긴 사람이 '대안, 대안(크게 평안하시오, 크게 평안하시오, 라는 뜻).' 이라고 외치며 징을 치고 돌아다닌다는 소문이 들려왔다. 신하들이 달려가 그에게 궁궐로 가기를 청하였지만 대안은 거절하며 말했다.

"궁에는 들어가고 싶지 않소. 가서 용궁에서 가져온 금강삼매경을 가져오시오."

신하들이 그에게 어디가 처음이고 어디가 중간이며 어디가 끝부분인지 전혀 알 길이 없는 낱장으로 된 금강삼매경을 가져다주었다. 경을 받아든 대안성자는 이리저리 살펴본 후 여덟 부로 갈라서 차례대로 경전을 엮었다. 대안이 다시 말했다.

"이로써 차례를 정하여 경전을 엮었소. 다른 사람은 아니 될 터이니 곧 원효에게 가져다주시오."

당시 원효대사는 고향 상주에 있다가 부탁을 받자 소가 끄는 수레를 준비하게 하여 두 뿔 사이에 책상을 걸고 주석을 짓기 시작하여 궁궐에 도착할 무렵에 이미 다섯 권의 주석을 지었다.

왕이 날을 정해 황룡사에서 설법을 하기로 했는데, 원효대사를 시기하는 무리들이 금강삼매경의 해설서인 「금강삼매경소」를 훔쳐가 불태워 버렸다. 그러나 원효는 임금에게 3일만 연기하여 줄 것을 부탁하여 3일만에 다시 「금강삼매경소」 세 권을 다시 쓰니 이것이 오늘날까지 전해진 「약소」이다.

정해진 날, 황룡사에는 사람들이 구름처럼 모여들었다. 원효가 대중 앞에서 맑은 목소리로 얽힌 것을 풀어가며 법을 강론하니 모두 대사의 이름을 부르며 칭송했다.

강론 후 백약이 소용없던 왕비의 중병이 씻은 듯 나았으며, 그런 이유로 「금강삼매경소」를 일명 '백약(百藥)' 이라고도 부른다.

얼마 후 원효대사는 길거리를 돌아다니면서 미친 사람처럼 노래를 불렀다.

"누가 자루 없는 도끼를 빌려주어 하늘을 받칠 기둥을 깎게 할 것인가."

아무도 그 뜻을 몰라 수군거렸으나 무열왕만이 원효의 뜻을 알아챘다.

'주인 없는 여자에게 장가를 들어 귀한 아들을 낳으려 함이로다!'

마침 요석궁에 아유타 공주가 남편을 잃고 홀로 지내고 있었으므로 왕은 신하를 시켜 원효를 데려오게 하였다. 원효는 이미 자신을 찾는 것을 알고 신하와 마주친 남천교에서 일부러 물에 빠져서 옷을 흠뻑 적셨다. 젖은 옷을 입고 궁궐로 간 원효는 공주가 내어주는 새 옷으로 갈아입고 그때부터 요석궁에 머물렀다. 그 후 공주는 아기를 가졌고 설총(薛聰)을 낳았다. 그 전에 원효는 궁궐을 떠났으며 불자의 계율을 어겼다 하여 승복을 벗고 보통 사람의 옷으로 바꿔 입었으며, 법명을 버리고 스스로 소성거사(小性居士)라 부르게 하였다.

원광법사의 기적들

원광법사(圓光法師)는 화랑도의 중심 이념인 세속오계를 만든 분이다. 학문과 덕행이 높아 모든 사람의 존경을 받았다.

원광법사가 진나라에서 유학할 때라고 한다. 수나라 문제가 중국을 통일하던 무렵으로 진나라에까지 들이닥친 수나라의 군대가 스님을 붙잡아 죽이려고 하였다. 그런데 그때 절 탑에서 불길이 일어나 무섭게 타올랐다. 수나라의 대장이 달려가 보니 불길은 어느덧 사라지고 그 탑 앞에 원광스님이 묶인 채 서 있었다. 이에 크게 놀란 수나라 대장이 원광스님을 풀어주고 용서를 빌었다.

신라 진평왕은 원광스님을 궁궐에 머물게 하고 의복과 침식을 손수 마련하여 받들기까지 했다.

스님이 99세의 나이로 열반에 들던 날, 동북쪽 하늘에서 기묘한 소리가 들려오고 향기로운 냄새가 진동했다고 한다.

뒷날 어떤 사람이 출산을 하다가 죽은 아이를 덕 있는 사람의 무덤에
같이 묻으면 자손이 널리 퍼진다는 헛된 소문을 듣고 스님의 무덤에 몰래
시신을 묻었다. 그런데 바로 그날 벼락이 치고 시신이 무덤 밖으로 내쳐
졌다고 한다. 그 사건 이후 원광법사의 이름이 더욱 널리 알려졌다.

허벅지 살을 베어낸 혜숙화상

혜숙(惠宿和尙)은 신라 진평왕 때부터 활약한 승려였다.

어느 날 혜숙이 신라의 국선(國仙. 화랑도의 총지도자) 구담공(瞿曇公)이 사냥을 나서는 모습을 보았다. 혜숙은 스스로 공의 말고삐를 잡고 사냥에 따라나설 것을 청하였다.

사냥이 끝나고 사냥한 고기를 구워 먹는데 혜숙 또한 권하니 주저 없이 먹었다. 이에 주변 사람들이 놀라움과 멸시의 눈빛으로 쳐다보았다. 그런데 고기를 다 먹은 혜숙이 구담공에게 나아가 말했다.

"더 좋은 고기가 있는데 드시겠습니까?"

공이 마지못해 응하자 혜숙은 즉시 칼을 들어 자신의 허벅지 살을 베어냈고, 피가 뚝뚝 떨어지는 허벅지 살을 공에게 올렸다. 놀란 공이 소리쳤다.

"이게 무슨 해괴한 장난인가?"

그러자 혜숙 스님은 태연하게 대답했다.

"저는 공을 인자한 사람으로 여겨 따랐으나 이제 보니 오직 죽이는 데

에만 푹 빠져있습니다. 저는 남을 해쳐 자신을 살찌우지 않습니다."

구담공이 크게 부끄러워하며 혜숙에게 건네주었던 접시를 보니 고기가 그대로 담겨 있었다. 분명 자신과 마주앉아서 고기 먹는 것을 보았건만, 고기가 그대로 남아 있으니 매우 신기한 일이었다.

구담공에게 이 이야기를 들은 진평왕이 사람을 보내 혜숙스님을 모셔오라 했다. 그런데 찾아간 곳에는 혜숙이 어느 부녀자와 함께 침상에 누워 있었다. 크게 실망한 신하는 발길을 돌렸다. 그런데 혜숙 스님이 바로 자기 앞에서 걸어오는 게 아닌가. 분명히 방금 부녀자의 집에서 보았는데 눈앞에 혜숙이 있자 신하는 어리둥절하기만 했다. 혜숙이 말했다.

"성 안 신자의 집에서 일주일 동안 재(齋. 불교 의식)를 지내고 방금 돌아가는 길이오."

신하가 그 신자의 집에 가 알아보니 혜숙의 말이 사실이었다. 여자와 함께 누워 있던 혜숙은 혜숙이 아니었던 것이다.

혜숙에 대해서는 또 이런 이야기도 전해오고 있다.

혜숙스님이 열반하자 이현(耳現) 동쪽에 장사를 지냈는데 마을 사람 하나가 이현 서쪽에서 오다가 혜숙스님을 만났다. 마을 사람은 혜숙이 죽은 것을 아직 몰랐으므로 어디 가시느냐고 물었다.

그러자 혜숙이 이렇게 말했다.

"여기 너무 오래 있었으니 다른 지방에 가보려 하네."

이현 동쪽에 도착한 마을 사람이 그 이야기를 하자 사람들이 스님의 무덤을 열어 확인했다. 무덤 안은 텅 비어 있고 단지 짚신 한 짝만이 덩그러니 놓여 있었다.

귀신을 물리친 밀본법사

신라 선덕여왕이 병이 들어 온갖 약을 써보았으나 전혀 효험이 없었다. 그러자 누가 밀본법사(密本法師)의 법력이 높으니 의지해보자고 제의했다.

여왕의 부름을 받은 밀본법사는 궁으로 들어가 여왕이 누워 있는 방밖에서 「약사경(藥師經)(「약사여래본원경」의 준말. 약사여래는 중생을 병이나 재난에서 구해준다는 부처이다)」을 읽기 시작했다. 경을 다 읽을 즈음 스님이 들고 있던 고리 여섯 개 달린 지팡이가 저절로 움직이더니 여왕의 침실로 날아갔다. 그러더니 늙은 여우 한 마리를 지팡이에 꿰어 나와 뜰아래에 내던졌다. 이때 밀본법사의 머리 위로 신비한 오색 빛이 내뻗쳤다.

밀본법사에 대해서 또 다른 이야기도 전해 온다.

승상 김양도(金良圖)가 어렸을 때, 갑자기 몸이 굳고 입이 딱 붙어 벙어리가 되었다. 그런데 꼼짝 못하는 김양도의 눈에 귀신들이 보였다. 큰 귀신 하나가 작은 귀신들을 거느리고 몰려와 집안의 음식을 마구 퍼먹고 제사를 올리는 무당에게 모욕을 주는 것이었다. 김양도는 그런 광경을 보면서도 한 마디도 말을 할 수가 없었다.

보다 못한 부모가 마을의 스님을 불러 경을 외우게 했으나 큰 귀신이 작은 귀신에게 말하여 쇠몽둥이로 스님의 머리를 쳐 죽여 버렸다. 결국 밀본법사의 신통함을 들은 부모는 사람을 보내어 밀본법사에게 도움을 청하였다.

작은 귀신들은 밀본법사가 온다는 말을 듣고 크게 놀라 도망가자 하였으나 큰 귀신은 도망칠 생각은커녕 얕보며 비웃었다.

잠시 후, 쇠 갑옷을 입고 긴 창을 손에 든 사방대력신(四方大力神)들이 나타나더니 김양도의 집에 있는 모든 귀신들을 단숨에 잡아서 묶어버렸다. 곧 밀본스님이 집에 들어와 경전을 읽자 김양도의 몸과 입이 풀렸다. 김양도는 지금까지의 일을 자세하게 설명했고, 그때부터 일생 동안 부처님을 진심으로 모셨다.

그건 내 물고기요, 혜공선사

혜공선사는 천진공(天眞公)의 집에서 허드렛일을 하는 노파의 아들로 태어났다. 어려서부터 눈빛이 유난히 빛났으며 매우 영특했다. 어려서 기이한 신통력을 보였으니, 한 번은 천진공이 등창에 걸려 죽을 뻔 했을 때 옆에 앉아 있는 것만으로 병을 낫게 하였으며, 또 한 번은 말하기도 전에 천진공의 뜻을 헤아렸다.

천진공은 비록 노비의 자식이지만 어린 혜공에게 공손히 절하며 말했다.

"성인이 우리 집에 계신 줄을 모르고 헛말과 버릇없는 행동으로 욕을 보였으니 그 죄를 어찌 씻겠습니까. 부디 앞으로는 저를 이끌어 주십시오."

그때 혜공은 고개를 끄덕이며 빙그레 웃었다고 한다.

훗날 출가하여 승려가 된 혜공은 작은 절에 머무르며 매일 술에 취해 커다란 삼태기를 등에 메고 큰 소리로 노래를 불러댔다. 사람들은 삼태기를 지고 다니는 중이라 하여 그를 부궤화상(負匱和尙)이라 불렀고 그가 머무는 절을 부개사(夫蓋寺)라 불렀다. 부개는 신라 말로 삼태기라는 뜻이었다.

그러나 혜공의 가장 유명한 일화는 원효대사와 벌인 장난이다. 혜공이 늘그막에 항사사(恒沙寺)에 있을 때 원효 대사가 여러 경전을 지으면서 어려운 대목이 있으면 혜공스님을 찾아와 묻곤 하였다.

하루는 두 스님이 물고기를 잡아먹고 연못에 똥을 누었다. 그런데 똥 하나가 물고기가 되어 헤엄쳐 달아나자 서로 자기가 살린 물고기라 말하며 장난을 했다고 한다. 그때 이후 절의 이름을 나 오, 물고기 어 자를 써서 오어사(吾魚寺)로 바꾸어 불렀다고 한다.

또한 어느 날은 구담공이 산에 올라갔다가 혜공이 이미 죽어 살이 썩고 구더기들이 바글바글 끓는 것을 목격하였다. 시신을 거두어 장례를 치른 후 성 안으로 들어왔는데 살아 있는 혜공을 만났다. 놀라는 구담공 앞에서 혜공은 여느 대처럼 술에 취해 노래를 부르며 덩실덩실 춤을 추었다고 한다.

관을 메고 땅으로 들어간
사복선사

사복(蛇福)은 어렸을 때 열두 살이 되도록 하루 종일 말 한마디 없이 우두커니 앉아있기만 했다고 한다. 훗날 갑자기 어머니가 돌아가시자, 멀리서 원효대사가 달려와서 예를 드렸으나 사복은 답례도 않고 덤덤히 말했다.

"전생에 우리 두 사람을 위하여 경(經)을 실어다 주던 소가 이제 죽었으니 함께 장사지내드림이 어떻겠습니까."

사복은 또한 원효에게 시신을 위해 염불을 외워 달라 부탁을 해 원효가 다음과 같이 염불을 외웠다.

"태어나지 말라, 죽는 것이 고통이다.

죽지 말라, 태어남이 고통이다."

그러자 사복은 말이 너무 번거롭다며 짧게 염불을 외웠다.

"태어남도 죽음도 다 고통이다."

두 사람이 송장을 지고 활리산(活里山) 동쪽에 이르자 원효대사가 먼저 말했다.

"이곳에 장사를 지냄이 어떠하겠습니까."

그러자 사복이 대답하였다.

"옛날에 석가모니 부처님께서 사라수 아래에서 열반하셨으니, 지금도 그와 같은 연꽃 세상에 모시려 합니다."

그러면서 풀 한 포기를 뽑아내자 그 아래에 한 세계가 보이는데 칠보로 장식한 탑과 장엄한 누각이 이 세상에 비할 수 없이 아름다웠다.

사복이 모친의 시신을 메고 그 속으로 들어가니 땅은 다시 감쪽같이 합해졌고, 좀 전의 광경은 흔적조차 남지 않았다. 그 이후로 아무도 사복 스님을 보지 못했다.

후세 사람들이 그 자리에 도량사(道場寺)라는 절을 지었다.

지혜 비구니의 꿈

지혜(知慧)는 안흥사(安興寺)의 비구니였다. 항상 절을 짓고자 하였으나 힘이 없어서 걱정만 하더니 하루는 꿈에 한 여승이 나타나 어느 곳을 손으로 가리키며 말했다.

"나는 선도산(仙批山)의 신녀(神女)이다. 너의 지극한 소원을 어여삐 여겨 금 10근을 주니 그것으로 세 분 부처님 상을 만들고 다시 53불(佛), 여러 천신(天神)과 오악(五岳)의 신을 그려서 모신 뒤, 매년 봄과 가을에 열흘간 법회를 열어 부처님의 법을 알려라"

"참 이상한 꿈이로다."

지혜 비구니는 날이 새자마자 그 신녀가 가리킨 곳을 파보았는데, 과연 황금 10근이 나왔다.

비구니는 범어 '빅수니'를 한문으로 표기한 것으로 필추니(苾芻尼)라고도 쓴다. 걸사녀(乞士女) 또는 근사녀(勤事女)라고도 번역하며 출가하여 348계를 지켜야 하는 여인을 말한다.

역사상 최초의 비구니는 일찍이 어머니를 여읜 석가모니를 길러주고 돌봐주신 석가모니 부처님의 이모 대애도(大愛道) 부인이다.

명랑법사와 용왕이 준 황금

당나라에 유학하여 크게 이름을 떨친 명랑법사(明朗法師)가 배를 타고 신라로 돌아오다가 용왕의 부탁을 받아 용궁에 들어갔다. 법사를 맞이한 용왕은 「신인도법경(神印度法經)」을 건네주고 또 황금 1천 냥을 내주며 용도에 맞게 쓰라고 하였다.

귀국한 법사는 자신의 집을 절로 삼고 용왕이 준 황금으로 탑과 불상을 장식하여 절 이름을 금광사(金光寺)라 지었다.

그는 용왕에게 받은 경전을 널리 알렸으며 신인종(神印宗)의 시조가 되었다.

계율에 정진한 자장율사

　자장율사(慈藏律師)는 신라 진골(眞骨, 부계와 모계 중 한 쪽이 왕족) 김무림(金茂林)의 아들로 태어났다.

　김무림은 일찍이 아들이 없음을 한탄하여 부처님에 간절히 빌었다.

　"만일 아들이 태어나면 그를 출가시켜 불법(佛法)을 널리 펴게 하겠나이다."

　그날 밤 부인이 꿈을 꿨는데 별이 부인의 품 안으로 들어왔다. 곧 임신을 하여 다음 해 음력 4월 초8일, 즉 부처님 탄신일에 사내아이를 낳았다.

　자장은 일찍 부모를 여위고 세상의 허무함을 깊이 느껴 처자와 재물을 버리고 깊은 산속으로 들어가 공부를 하였다. 앉은 자리 주위에 가시 넝쿨을 심어 조금만 움직여도 가시가 몸을 찌르게 하였으며, 그래도 잠이 올 때에는 머리를 천장에 매달아 잠을 깨우며 고골관(枯骨觀. 백골관(白

骨觀))이라고도 하며 시체가 썩어서 백골로 변해가는 모습을 지켜보는 것)에 정진했다.

그때 마침 재상의 자리가 비어 마땅한 인물을 구하던 궁에서 여러 번 자장을 불렀으나 자장은 들은 척도 하지 않았다. 이에 선덕 여왕이 크게 노하여 다시 사신을 보내며 명령했다.

“이번에도 허락하지 않거든 그 자리에서 목을 베라.”

그러나 다시 찾아온 사신 앞에서 자장은 태연히 말했다.

“계율을 피해 백년을 사느니, 차라리 계율을 지키며 하루를 살다가 죽 겠소.”

자장의 위엄에 눌린 사신은 차마 자장을 죽이지 못하고 돌아갔고 선덕 여왕 또한 크게 감동하여 출가를 허락하였다.

자장은 더욱 정진하여 세속과의 인연을 완전히 끊고 오직 불도에만 열 중했다. 그러다가 양식이 떨어져 굶어죽을 지경이 되었는데, 새가 산과일 을 물고 와서 자장의 손에 떨어뜨리고 갔다. 그 뒤로 새들이 때를 맞춰 먹 을 것을 물어다주었고, 자장은 그것을 먹고 연명했다. 하늘의 돌봄 속에 오계(五戒. 불교에서 지켜야 할 다섯 가지 계율)를 받은 뒤 산에서 내려와 한 달 동안 거리를 다니며 대중을 가르쳤다.

그 후 당나라에 들어간 자장은 당나라 황제의 보살핌 속에 머무르며 계를 가르쳤다. 또한 중국 청량산에 들어가 7일 기도를 드려 문수보살로 부터 게송(偈頌. 불덕(佛德)을 찬미하고 교리를 서술한 4구(四句)의 시구 (詩句)를 받았다. 그러다가 선덕 여왕으로부터 본국으로 돌아올 것을 요 청받고 귀국길에 올랐다. 그때 당나라 황제는 매우 섭섭해 하며 비단 5백필을 선물하고 대법회를 열어 법문을 들었다고 한다.

자장은 불상과 불경 등을 구해 신라로 돌아왔고, 선덕 여왕과 신하들, 백성들이 기뻐하며 그를 맞이했다.

선덕여왕은 율사에게 대국통(大國統. 나라의 으뜸가는 스승)이라는 지위를 주어 분황사에 머물면서 승려에 대한 여러 가지 제도를 마련하게 했다. 그때까지 신라 불교는 기강이 약하였으나 자장은 승려의 과실을 징계하고 불경과 불상을 엄중하게 모실 것을 법으로 삼으로 비로소 신라 불교의 기틀이 잡혔다.

문수보살을 몰라본 자장율사

　자장율사의 헌신적인 노력으로 불법(佛法)이 크게 흥하였다. 당시 기록에 의하면 나라에서 불법을 받고 계를 받드는 것이 열 집에 여덟아홉 집이나 되었으며 머리를 깎고 중이 되기를 원하는 사람이 해마다 불어났다고 한다. 이에 통도사를 짓고 계단(戒檀)을 쌓아 중생을 제도하였다.

　한편 자신이 살던 집을 절로 고쳐 원령사(元寧寺)라 이름 짓고 법회를 열어 화엄경을 강론했는데 52 명의 여인이 나타나 법을 듣고 깨닫자, 그것을 기념해 52 그루의 나무를 심고 지식수(知識樹)라 불렀다.

　자장이 나이 들어서는 강원도 명주에 수다사(水多寺)를 세워 그곳에서 머물렀는데 하루는 꿈에 신비로운 승려가 나타나서 말했다.

　"내일 대송정(大松汀)에서 만나자"

　자장이 놀라 잠에서 깨어 일찍 대송정에 가니 과연 문수보살께서 그곳에 오시어 법요(法要)를 일러주셨다. 그리고는 다시 한 마디를 남기고 사라졌다.

"태백산 갈반지(葛蟠地)에서 만나자"

자장이 태백산에 올라가 갈반지라는 곳을 찾아 헤매는데 문득 나무 아래에 커다란 구렁이가 똬리를 틀고 있는 것을 목격하고 '저곳이 바로 갈반지'라고 동행한 제자에게 말했다. 바로 그 자리에 석남원(石南院)을 세우고 성인이 내려오기를 기도하였다. 얼마 후, 남루한 옷을 입은 한 늙은 거사가 칡으로 만든 삼태기에 죽은 강아지를 담아 와서 자장의 제자에게 말했다.

"자장을 보러 왔다"

자장의 제자는 화를 내며 꾸짖었다.

"내 어릴 때부터 스님을 모셨으나 아직껏 스님의 이름을 함부로 부르는 이를 보지 못하였소. 노인은 도대체 누구이기에 이런 미친 행패를 부리는 것이오"

그러나 노인은 꼼짝도 하지 않고 다시 말했다.

"가서 자장에게 말이나 해 봐라"

제자가 들어가 자장에게 알리자 자장 또한 '미친 사람이 아닌가?' 여겨 무시했다. 제자가 다시 나와 욕을 하고 내쫓으려 하자 노인은 껄껄 웃더니 한숨을 쉬었다.

"그냥 돌아가야 할까 보다. 아상

(我相, 자기의 학문이나 지위를 자랑하여 남을 업신여기는 마음)이 있는 자가 어찌 나를 알아볼 수 있으랴"

노인이 짊어지고 온 삼태기를 거꾸로 들자 죽은 개가 삽시간에 사자(獅子)로 변했으며 노인은 사자의 등에 올라타고 날듯이 어디론가 사라져 갔다. 사자를 타고 가는 노인의 머리 위에는 찬란한 휘광이 빛나고 있었다.

자장이 그 말을 듣고 급히 달려 나와 빛을 따라 남쪽 고개에 올랐으나 이미 노인의 자취를 찾을 수가 없었다. 자장은 자신의 오만함을 뉘우치며 몸을 던져 죽으니 제자들이 유골을 받들어 동굴에 안치하였다.

방을 통째 옮겨버린 보덕화상

보덕화상(普德和尙)은 고구려 보장왕 때의 스님이다. 불교가 고구려에 처음 전해진 뒤에 중국으로부터 다시 선도(仙道)의 한 줄기인 오두미교(五斗米敎)라는 신흥종교가 들어와 많은 사람들이 이를 믿었다. 그때 당나라에서 다시 도사(道士)와 천존경(天尊經)을 보내어 도덕경(道德經)을 강설하자 불교와 도교(道敎)가 함께 존재하게 되었다.

그런 터에 보장왕이 당시의 실력자인 연개소문의 말을 듣고 당에 사신을 보내어 다시 도교를 배우기를 청하고 옹호하니 불교는 점점 세력이 약해졌다.

그 당시 반룡사(盤龍寺)에 있던 보덕화상은 좌도(左道. 오늘날의 異敎 혹은 사이비종교)가 점점 성하고 불교가 위태롭게 된 것을 보고 수차례에 걸쳐 왕에게 불교를 중히 일으키라고 조언하였으나 왕은 듣지 않았다. 보덕화상은 천운으로는 불교를 일으킬 수 없게 되었음을 깨닫고 신통력으

로 자신의 방을 날려 완산주(完山州, 지금의 全州) 고대산(孤大山)로 날아
가 그곳에서 안주하였다.

그 뒤에 어느 신인(神人)이 고구려의 마령에 나타나서,

"너희 나라는 망할 날이 머지않았다"

라고 하더니, 그로부터 얼마 안 되어 고구려는 망하게 되었다.

양지법사와 석장사

「삼국유사」에 따르면 양지 법사(良志法師)의 선조가 어디 사람인지는 알 수 없다고 한다.

양지법사는 늘 짚고 다니는 자신의 돌 지팡이(석장. 錫杖)에 베자루를 하나 달아두었다. 그러면 지팡이가 스스로 불자의 집으로 날아가서 이상한 소리를 냈고, 불자들이 그 자루에 곡식을 채우면 다시 날아서 돌아 왔다고 한다. 그래서 양지 법사가 머무르던 곳을 석장사(錫杖寺)라고 불렀다.

그에게는 보통 사람이 이해할 수 없는 신통력이 있었다고 한다. 서예, 그림 등에 뛰어났으며 영묘사(靈廟寺)의 장륙삼존(丈六三尊), 천왕상(天王像), 전탑(殿塔)의 기와와 천왕사탑 밑의 팔부신장(八部神將), 법림사(法林寺)의 주불삼존(主佛三尊), 좌우의 금강신(金剛神)이 그가 만든 것이라 전해진다. 또 영묘사와 법림사의 현판을 썼으며 작은 벽돌로 삼층탑을 만들었는데 벽돌마다 부처님이 새겨져 있어 그 삼층탑을 삼천불(佛)을 모신 전탑으로 불렀다고 한다.

김유신 장군의 기도

고구려군과 말갈군이 연합하여 신라의 북한산성을 에워싸고 열흘 동안이나 계속 공격을 하였다. 구원병도 오지 않자 성 안의 군사와 백성들이 두려워하며 떨었다. 김유신(金庾信) 장군이 이를 보고 말했다.

"인간으로서 할 수 있는 일은 다하였으니 이제 하늘의 도움을 기다릴 수밖에 없나"

바로 절을 찾아가 단을 쌓고 기도를 하니 큰 뱀 한 마리가 하늘에서 떨어지고 폭우가 쏟아지며 뇌성벽력이 쳤다. 그러자 적군이 크게 놀라 달아났다.

건봉사와 발징화상

신라땅 고성현(固城懸)에 있는 원각사(圓覺寺. 지금의 건봉사)라는 절에 발징화상(發徵和尙)이라는 고승이 있었다. 발징화상(發徵和尙)은 이곳에서 승려 31명, 신도 1천8백 여 명과 함께 1만일 동안 염불을 외우는 염불 정진을 시작하였다. 그것이 살아서는 마음을 편안하게 하고 죽어서는 극락왕생을 기원하는 염불만일회의 시초였다.

마침내 1만일이 되던 날 한밤중에 홍수가 져서 대중들이 어쩔 줄 모르고 아우성을 치는데 아미타불이 관세음보살과 함께 황금으로 장식된 연꽃 배를 타고 오시더니 대중들을 배에 오르게 한 후 연화세계를 향해 가셨다.

당시 발징화상은 볼 일이 있어 서라벌(金城. 신라의 수도)에 갔다가 날이 저물어 양무의 집에서 묵고 있었다. 그날 밤, 갑자기 방 안이 낮처럼 환해져 일어나니 관세음보살께서 나타나 말씀하셨다.

"그대의 절에서 염불을 외던 대중이 서방정토(불교에서 말하는 이상향 또는 극락정토)로 갔으니 빨리 가보라."

발징이 크게 놀라 떠날 준비를 하자 잠에서 깬 주인 양무가 울면서 말했다.

"스님께서는 우리처럼 어리석은 자를 먼저 구하신다 하더니 어찌 우리를 버리고 혼자 정토로 가려고 하십니까."

발징이 할 수 없이 그들을 데리고 절로 달려가 보니 과연 신도 중 913명이 서방정토로 가고, 908명이 남아 있었다. 그로부터 1주일 후 아미타불이 다시 배를 갖고 와 우선 18명만 배에 오르라 하셨다.

화상이 울며 말했다.

"우리 모두가 함께 가기를 원하니 남은 사람을 모두 구해주십시오."

그러나 아미타불은 고개를 저으며 사라졌다.

"너는 다시는 왕생할 복을 막지 말라."

신도들은 이 말을 듣고 다시 슬피 울었다.

"우리는 무슨 죄가 그토록 무거워 정토에 데려가지 않으시는 겁니까."

그리고 더욱 정진하여 밤낮을 가리지 않고 염불을 했다. 또 1주일이 지난 깊은 밤에 아미타불께서 다시 배를 타고 와 발징에게 배에 오르라고 재촉하였다. 발징이 또다시 울면서 말했다.

"만일 신도들의 악업이 무겁고 두껍다면 제가 대신 지옥에 가서 고통을 받을지라도 그들을 모두 극락 왕생케 한 뒤에야 가겠나이다."

그러자 부처가 이렇게 말했다.

"네가 먼저 가서 수기(受記. 부처로부터 내생에 부처가 되리라는 예언을 받는 것)를 받고 무생인(無生忍. 모든 사물과 현상이 무상함을 깨달아 마음의 평정을 얻는 단계)을 깨친 뒤에 인간 세상에 다시 태어나야 비로소 그들을 구할 수가 있다."

그 말씀에 발징이 할 수 없이 배에 올라 남은 신도들의 복을 빌면서 서방정토로 갔다.

염불만일회에 얽힌 설화는 일연의 삼국유사에 또 나오니, '욱면비념불서승(郁面婢念佛西昇. 계집종 욱면이 염불을 하다가 서쪽 하늘에 올라감)' 이라는 구절이 그것이다.

경덕왕 때 강주 사람 수십 명이 마을에 미타사라는 절을 세우고 만일염불회에 들어갔다. 그때 아간 귀진의 집에 욱면이라는 여종이 있었는데 매일 주인을 따라가 몰래 마당에서 염불을 했다. 주인 귀진은 여종이 신분에 맞지 않는 짓을 한다고 생각해 매일 벼 두 섬씩을 내주며 그날 저녁 안에 다 찧으라고 했다. 그러자 욱면은 벼를 초저녁에 다 찧어놓고 다시 절에 와서 진심을 다해 염불을 외웠다. 심지어 마당 좌우에 긴 말뚝을 세우고 두 손바닥을 뚫어 노끈으로 꿰어 말뚝에 잡아맨 채 합장하며 정성을 다했다.

그런 어느 날 공중에서 큰 소리가 들렸다.

"욱면은 법당에 들어가서 염불을 하라."

그 소리에 귀진과 승려들이 깜짝 놀라 욱면을 법당 안으로 들어오게 했다. 욱면은 염불을 외운지 37일이 되는 날 갑자기 법당 지붕을 뚫고 솟구쳐 올랐으며 서방 정토로 가 육신을 버리고 부처가 되었다.

조신 스님의 하룻밤 꿈

신라 시대에 세달사라는 절의 농장이 강원도 명주(溟州. 지금의 영월)에 있었고 조신(調信)이라는 스님이 그 농장을 관리했다.

그런데 조신은 그만 농장 근처에 사는 태수 김흔(金昕)의 딸을 담 너머로 힐끗 본 후로 그녀를 사랑하게 되었다.

군수 김흔의 딸은 아리따운 몸매, 또렷한 얼굴, 고운 눈, 알맞게 오뚝 솟은 코, 앵두처럼 작고 붉은 입술, 삼단같이 검은 머리털을 지닌 미인이었다. 조신은 수도승의 몸으로 여자를 생각하는 것은 계율을 범하는 것임을 잘 알고 있기에 그녀를 생각하지 않으려고 했지만 날이 갈수록 사모하는 마음이 깊어졌다.

잠을 자도 깨어 있어도, 경을 읽어도, 염불을 외워도 그녀가 머릿속에서 떠나지 않았다. 하지만 그녀는 명문 집안이 귀한 딸로 집안의 보물처럼 꽁꽁 보호되고 있었으므로, 만나기는커녕 얼굴을 보기조차 힘들었다.

마음의 병이 깊어진 조신은 음식조차 먹는 게 힘들어졌고, 뜬눈으로 밤을 새웠으므로 뼈와 살갗이 들러붙을 정도로 말라갔다.

'이리 죽으나 저리 죽으나 마찬가지다.'

마침내 조신은 낙사사를 찾아가 관세음보살 불상 앞에서 빌기 시작했다.

"대자대비하신 관세음보살님, 이 몸을 불쌍히 여겨 제가 그녀와 혼인할 수 있게 해주옵소서. 하루빨리 그녀를 만나 이 목숨을 구하게 해주옵소서."

조신은 매일 눈물을 흘리며 빌었다. 그러기를 몇 년, 그 사이에 김흔의 딸은 나이가 들어 시집을 갔다. 함께 수행한 승려들이 조신에게 달려가 김흔의 딸이 이미 시집을 갔으니 포기하라고 간곡히 말했다. 그러나 조신은 그들이 자기를 위하여 거짓말을 하는 것이라 생각하고, 자비로우신 관세음보살께서 자신을 버리지 않을 것이라고 믿었다. 그러자 보다 못해 절의 큰스님까지 설득에 나섰다.

마침내 조신은 김흔의 딸이 혼인을 했다는 사실을 인정할 수밖에 없었다. 관세음보살의 자비로움과 신통력을 믿고 간절히 염원했던 수년 세월이 물거품이 된 것이었다. 조신은 깊은 절망에 빠져 관세음보살을 원망하다가 깜빡 잠이 들었다.

그런데 이게 웬 일인가. 한 여인이 조용히 문을 열고 들어와 고개를 숙이지 않는가. 바로 너무나 그리워하던 김흔의 딸이었다. 조신은 꿈인가 싶어 자신의 몸을 꼬집어봤지만 분명히 꿈이 아니었다. 조신은 자신도 모르게 빌었다.

‘꿈이거든 깨지 말고, 현실이거든 오래 가기를.’

조신은 반가운 마음으로 그녀의 손을 잡았다. 그녀의 손이 파르르 떨렸다. 조신은 용기를 내어 물었다.

“이게 웬 일이요? 어찌 나를 찾아오셨소?”

그녀가 고개를 들어 조신의 얼굴을 살폈다. 그녀의 얼굴은 야위었고 눈가에는 눈물이 고여 있었다.

“저의 죄를 용서하옵소서. 그러나 지금까지 스님을 애태우게 한 것은 저의 본마음이 아닙니다. 저 역시 담 너머로 스님을 본 후 매일 밤 스님을 생각하며 잠을 이루지 못했나이다. 허나 귀한 집 딸의 몸이므로 스님을 찾아갈 수도 없었고, 눈물도 남에게 보일 수 없어 남몰래 숨어서 울기만 했습니다. 수를 놓고 바느질을 하다가도 문득 떠오르는 스님 생각에 몇 번이나 바늘에 손가락을 찔렸습니다. 그러다 아버님의 명을 어길 수 없어 혼인을 하였지만 스님을 잊을 수 없어 이렇게 어둠을 틈타 몰래 달려온 것입니다. 스님, 그 동안의 노여움은 다 잊으시고, 더러운 계집이라 물리치지 마시고, 이 몸을 거두어 주소서. 스님께서 이 몸을 버리지 않으신다면 지아비로 평생을 모시겠습니다.”

그녀의 목소리는 맑으나 가볍지 않고, 다정하나 요염하지 않았다. 조신 스님의 가슴에 오랫동안 간직해왔던 애정이 벅차올랐다. 스님과 김 여인은 와락 서로를 껴안았다. 그리고 날이 새자마자 조신은 그녀와 함께 고향으로 도망쳤다.

고향으로 간 조신과 김 여인은 파계한 승려로, 도망친 여자로 비난을 받았지만 누구보다 행복하게 살면서 열심히 일을 했다. 살림이 늘어났고 논과 밭을 사들였으며 고깃배도 여러 척 갖게 되었다. 집안에는 일꾼들을 두었고 손님들도 끊이지 않았다.

그 사이에 부부는 5남매를 두었고 주위 사람들 모두가 그들의 복을 부러워했다.

그러나 달도 차면 기울고 아름다운 꽃도 시간이 흐르면 시드는 것이 인생이었다. 40년이란 세월이 흐르면서 조신은 늙었고 집안에 좋지 않은 일이 잇달았다. 갑작스러운 해일로 논과 밭을 잃었고, 고깃배는 부서져 하나도 남지 않았다. 부부에게 빚을 진 사람이 있었으나 어디론가 도망쳐 빚을 받지도 못했다.

조신은 하루아침에 망해버린 집안을 다시 일으키기 위해 안간힘을 썼지만 나이 들어 기운은 없고 뜻대로 되는 일이 하나도 없었다. 이제 사람들의 발길이 분주하던 집에는 두 부부와 어린 자녀 다섯 명만 남게 되었다. 돌보지 못한 흙 담은 무너졌고 서까래는 썩어서 지붕에서 비가 새고 찬바람이 스며들었다. 누덕누덕 기운 옷은 여기저기 닳아 살갗이 보일 지경이었고 당장 먹을 것이 없어 굶어 죽을 지경이었다.

앉은 자리에서 굶어 죽을 처지가 되자 조신 부부는 다섯 자녀를 데리고 여기저기 떠돌아다니며 하루하루 끼니를 이어갔다.

그렇게 10년을 떠돌아다니던 어느 날, 명주 해현 고개를 넘는데 열다섯 살인 큰 아들이 굶어죽는 일이 생겼다. 부부는 통곡을 하며 몸부림쳤지만 죽은 아이를 길가에 묻고 다시 길을 떠나야만 했다. 그러다가 우곡현에 이르렀는데 부부가 다 병이 들어 움막 속에서 꼼짝을 할 수가 없었다. 그래서 열 살 된 큰딸이 밥 동냥을 해서 여섯 식구가 살아야 했다.

하루는 동냥 나갔던 딸이 피투성이가 되어 절뚝거리며 돌아왔다. 어느 집에 밥을 얻으러 갔다가 사나운 개에게 물린 것이었다. 아프다고 우는 아이를 보며 부부는 목이 메어 눈물을 줄줄 흘렸다.

김 여인은 이런 형편이라면 앞으로 또 어떤 불행한 일이 닥칠지 모른다고 생각하고, 조신에게 말했다.

"내가 처음 당신을 만났을 때는 얼굴도 아름답고 나이도 젊고 입은 옷도 깨끗했습니다. 한 가지 음식도 나누어 먹고 옷 하나도 나누어 입으며 50 동안 정이 깊어지고 사랑도 굵게 얽혔으니 참으로 두터운 인연이라 할 만했습니다. 하지만 지금 우리는 늙고 병들었으며 굶주림과 추위에 시달리고 있습니다. 남의 집 곁방살이(남의 집 한 부분을 빌려 삶)나 음식을 빌리는 것이 점점 힘들어지고 밥을 동냥하는 부끄러움이 너무도 큽니다. 어린 자식들이 추위에 떨고 굶주려도 돌봐주지 못하는데 어떻게 부부의 정을 즐길 수가 있겠습니까?"

김 여인은 눈물을 닦으며 다시 말했다.

"붉은 얼굴과 어여쁜 웃음도 풀잎의 이슬처럼 사라졌고, 굳은 약속도 버드나무 꽃처럼 흩어졌습니다. 당신에겐 내가 짐이 되고, 나는 당신이 있어 더욱 걱정이 깊습니다. 지난날의 기뻤던 일들을 돌아보면 그것이 지금의 근심의 뿌리입니다. 우리가 어쩌다 이렇게 되었습니까? 여러 마리 새가 함께 굶어죽느니 짝 잃은 새가 짝을 부르는 것이 나을 것입니다. 힘들면 버리고 편하면 따르는 것은 사람으로서 차마 할 수 없는 일이지만 헤어지고 만나는 것은 하늘의 뜻이 있어야 하는 일인 듯합니다. 그러니 부디 헤어집시다."

조신이 생각해도 부인의 말이 백 번 옳았다. 그래야 아내와 자식들이 살 것 같았다. 조신은 아내의 말을 따르기로 했다. 두 사람은 아이를 둘씩 맡아서 떠나기로 했다.

다음날, 부인은 두 아이를 데리고 먼저 떠나면서 조신에게 말했다.

"저는 친정이 있는 고향으로 갈 터이니 당신은 남쪽으로 가십시오."

조신도 작별 인사를 하고 떠나려는 순간, 조신은 잠을 깼다. 돌아보니 김흔의 딸을 그리워하며 울다 잠이 들었던 관세음보살 앞이었다. 그 많은 일이 모두 꿈이었던 것이다.

다음날 아침, 조신은 깜짝 놀랐다. 밤새 머리털이 하얗게 셌기 때문이었다. 평생 겪을 일을 하룻밤에 겪자 인생이 너무도 덧없이 느껴졌다. 관세음보살께서 어리석은 자신을 깨우치기 위하여 하룻밤의 인생을 보여주신 것이라고 생각했다.

조신이 해현으로 가서 아이를 묻었던 자리를 파보니 돌미륵이 나왔다. 조신은 돌미륵을 깨끗이 씻어 가까운 절에 모시고, 자신은 서라벌로 돌아가 정토사(淨土寺)라는 절을 세웠다. 그 후 조신은 부처님의 가르침에 따라 살았다고 한다.

조신 스님이 언제 어디에서 태어나고 어떻게 입적했는지는 기록이 없다.

관세음보살의 절, 낙산사

낙산사는 의상대사가 세운 절이다. 관세음보살의 진신(眞身. 죽고 사는 몸이 아니라 진리 깨달은 영원의 몸)이 계신 서역의 보타가락산(寶陀洛伽山)의 이름을 따서 절 이름을 지었다.

당나라 유학을 마치고 돌아온 의상대사는 신라에도 관세음보살의 진신이 있다는 말을 들었다. 그는 관음보살이 머문다고 알려진 바닷가를 찾아 지극한 마음으로 '관세음보살, 관세음보살' 기도를 드렸다. 그러기를 7일 동안 한 후 깔고 앉은 자리를 바닷물 위에 띄웠는데 불법을 지키는 여덟 신장이 나타나 의상을 데리고 바닷가 굴속으로 들어갔다. 그 굴에서 예불을 드리니 공중에서 수정으로 만든 염주 꾸러미가 떨어졌다. 의상이 그것을 들고 굴속에서 나오니 동해의 용이 여의주 한 개를 바쳤다.

두 보물을 간직하고 다시 이레 동안 명상을 하니 마침내 관세음보살이 의상 앞에 나타나 말하셨다.

"대사의 불심이 깊으니 신라에 불교가 번성할 것이오. 지금 앉아 있는 자리 위쪽 산꼭대기에 대나무 한 쌍이 솟아날 터이니 그곳에 절을 지으시오."

굴을 나와 보니 정말로 한 쌍의 대나무가 솟아 있었다. 그 자리에 절을 지으니 대나무는 사라졌다. 의상 대사는 관세음보살의 진신이 그곳에 머물렀음을 깨달았다. 그래서 절 이름을 낙산사라 짓고 자신이 받은 두 보물을 모셨다.

부설거사와 묘화 아가씨

신라 선덕여왕 때에 진광세(陳光世)라는 사람이 있었는데 어려서부터 유별난 데가 있었다. 서쪽을 향하여 몇 시간씩 서 있기도 하고 깊은 숲속에 혼자 들어가 좌선하기도 하고 스님을 만나면 기뻐하며 공손히 절을 했으며 살생하는 것을 보면 부모가 죽은 듯 슬퍼했다. 그러더니 마침내 불국사에 출가하여 법명을 부설(浮雪)이라 하고 불법을 깨우치는데 밤낮으로 정진하여 학식과 덕망으로 이름이 높았다. 부설에게는 영조(炅照)와 영희(炅熙)라는 뜻이 맞는 친구 스님들이 있어 함께 법왕봉(法王峯) 아래에 묘적암(法王峯)이라는 암자를 짓고 송홧가루와 물만 마시면서 수양하였다.

뒤에 문수도량(문수보살을 모시고 공부하는 곳)으로 유명한 오대산으로 가다가 불교 신자인 구무원(仇無冤)이라는 노인의 집에서 머물게 되었다. 구무원과 세 스님은 밤새도록 부처님과 불법에 대해 이야기를 나누었고 때마침 갑자기 비가 쏟아져 스님들은 며칠을 더 노인 집에서 묵게 되었다.

구무원에게는 외동딸이 하나 있었다. 이름은 묘화(妙花)였고 연꽃처럼 아름다웠으나 불행히도 말을 하지 못하는 벙어리였다. 그런데 묘화가 부설을 본 그날 밤 말을 하기 시작했다. 그리고 부모에게 이렇게 말하는 것이었다.

"부설스님과 소녀는 전생에도 인연이 있었고, 금생에도 인연이 있으니 인과(因果)를 따르는 것이 불법이라 할 것입니다. 삼생연분을 만났으니 저는 죽기를 맹세하고 부설 스님을 남편으로 섬기겠습니다."

묘화의 부모는 딸의 말문이 트인 것은 너무나 기쁜 일이지만 딸의 말을 듣고 있으니 기가 막혔다.

"아니, 그게 무슨 소리냐. 스님께 욕이 되는 소리를 하다니. 말도 안 된다."

그러나 묘화는 이미 부설에게 마음을 주었으니 부설이 거절한다면 자신은 죽을 수밖에 없다고 뜻을 꺾지 않았다. 딸을 안타깝게 여긴 구무원은 결국 부설에게 가서 딸과 혼인하여달라고 말했으나 부설은 고개를 저었다.

"석가모니 부처님께서는 처자와 태자의 지위 등 가진 것도 버리셨거늘 어찌 내가 혼인을 하겠소. 그럴 수는 없소."

구무원은 엎드려 말했다.

"스님, 부처님께서는 개미 한 마리의 목숨도 소중히 하라 하셨습니다. 스님이 그처럼 거절하신다면 내 딸뿐 아니라 우리 부부까지 살아갈 수가 없습니다. 우리 세 목숨을 살려 주십시오."

간청하는 노인 앞에서 부설은 고민했다.

"계율을 지킬 것이냐, 자비를 베풀 것이냐, 환속을 할 것이냐, 승려를 지킬 것이냐."

번민하던 부설은 결론을 내렸다.

"그렇다. 보살이 지켜야하는 육바라밀 중에서 보시(布施. 자비의 마음으로 베푸는 것)가 첫째가 아닌가. 먼저 세 사람의 목숨을 구해야 한다. 세 사람을 살려내고, 그 속에서라도 불법에 정진하면 부처님의 길을 따를 수 있을 것이다."

이렇게 부설은 구무원의 딸과 결혼할 것을 승낙하였다. 그리고 10년을 함께 정진한 영조와 영희 두 스님에게 부탁했다.

"나는 비록 이리 되지만 두 스님께서는 널리 다니면서 부처님의 뜻을 펴시고 다시 돌아와서 밝은 깨달음을 주십시오."

두 스님은 매우 안타까워하며 속세에서라도 불법을 닦으라 당부하고 떠났다.

부설과 묘화는 혼인을 하였고 부설은 파계를 하였다며 스스로를 스님이 아닌 부설거사로 불렀다. 부부는 행복하게 살았으며 등운(登雲)과 월명(月明)이라는 아들과 딸을 낳았다. 그런데 아이들이 어느 정도 자라자 부설거사가 갑자기 몸도 거의 움직이지 못할 만큼 큰 병에 걸렸다. 온갖 약을 써도 소용이 없자, 부설은 마침내 몸이 병들어 세상일에 참견할 수 없다며 백강(白江) 가에 초막을 짓고 혼자 기거하기 시작했다. 그러나 사실 병은 꾀병일 뿐, 부설은 그때부터 벽을 향해 앉아 다섯 해 동안을 오직 진심을 다해 불법을 깨우치는 데 힘썼다.

어느 날, 명산을 찾아다니며 수양하던 영조와 영희 두 스님이 그 마을을 지나다가 부설을 생각하고 찾아왔다.

하지만 영조와 영희가 부설이 그 동안 속세의 즐거움에 빠져 불법을 소홀히 한 것이 아니냐는 의심을 하자 부설이 제안했다.

"오랜만에 만났으니 우리 세 사람이 공부한 것을 시험해 봅시다."

그리고 병 세 개에 물을 담아오게 해서 매단 후 각자 깨뜨리기로 했다. 영조, 영희 스님이 병을 때리자 병이 깨지면서 물이 쏟아져 내렸다. 그러나 부설이 때린 병은 깨지긴 했으나 물은 그대로 허공에 매달려 있었다.

"허깨비 같고 덧없는 인간의 몸이 삶과 죽음을 따라서 옮겨 흐르는 것은 병이 깨어지는 것과 같으나 참된 본성은 본래 성스러워 물이 쏟아지지 않는 것과 같소. 그대들은 두루 다니며 지식을 쌓고 승려로서 생활했소. 그런데 어찌하여 살고 죽는 것에 매여 불법의 참된 진리를 깨닫지 못하였소."

꾸짖음을 남기고 부설거사는 앉은 채로 그대로 열반하였다.

영조, 영희 두 스님은 부설 앞에 엎드려 오만함을 뉘우치고 슬피 울었다. 그들은 부설거사를 다비(시체를 화장한다는 뜻. 육신을 원래 이루어진 곳으로 돌려보낸다는 뜻이 있다)하여 사리를 거두어서 묘적암에 묻었다.

부설거사의 자녀인 등운과 월명은 후에 출가하여 큰 스님이 되었는데 전라북도 부안군의 월명암(月明庵)은 월명 비구니가 수도하던 곳으로 지금도 남아 있다.

또한 거사의 부인 묘화 부인도 집을 헐어 부설사(浮雪寺)를 세우고 불법에 힘쓰다가 101세의 나이로 세상을 떠났다.

미륵사와 서동 설화

미륵불은 다가올 세계, 즉 내세에 성불하여 인간세계에 나타나서 중생을 구원한다는 부처님이다. 본래 인도 바라내국의 바라문 집안에서 태어났으나 석가모니 부처님의 가르침을 받고 천상의 네 번째 하늘인 도솔천에 머무르면서 미래의 중생을 구할 미래 부처님이 미륵불이다.

우리나라에는 이 미륵부처님을 모시는 '미륵사'라는 이름의 절이 많다. 충남 부여의 미륵사, 전북 익산 용화산의 미륵사, 고려 태조 때 세워진 개성의 미륵사, 경기도 강화군 봉천사의 미륵사, 충남 금산군 천비산의 미륵사, 전남 곡성군 천덕산의 미륵사, 경남 동래군 금정산의 미륵사, 평북 의주군 송산의 미륵사가 미륵 부처님을 모시는 대표적인 절이다.

이제 이야기할 서동 설화에 나오는 미륵사는 전북 익산군 용화산에 있는 미륵사에 얽힌 이야기이다.

서동(薯童)은 홀어머니와 함께 백제의 서울인 사비성 남쪽 연못 근처에서 살고 있었다. 아버지는 그 연못을 지키는 용이라는 말이 있으나 집

이 가난하여 날마다 마를 캐서 팔았다. 그래서 이웃 사람들은 서동을 마를 파는 아이, '서동'이라 불렀다.

서동이 자라 장가갈 나이가 되었지만 가난한 집에 시집을 오겠다는 처녀가 없었다. 그러다가 신라 진평왕의 셋째 딸인 선화 공주가 더없이 아름답고 슬기롭다는 소문을 들었다. 서동은 선화 공주와 혼인을 하리라 마음먹었다.

그는 곧 마를 준비하고 머리를 깎고 중처럼 변장을 한 뒤 서라벌을 향하여 길을 떠났다. 온갖 고생 끝에 서라벌에 도착한 서동은 공주가 사는 궁궐 앞으로 갔다. 궁궐의 담은 높고 높았고 창을 든 군사들이 성문을 굳게 지키고 있었다. 도저히 선화 공주를 만날 방법이 없었지만 서동은 실망하지 않고 곰곰이 생각했다.

마침내 좋은 생각이 떠오르자 서동은 무릎을 탁 쳤다.

"그래, 그렇게 해 보자."

서동은 길거리에서 노는 아이들을 불러 모았다. 그리고 마를 나눠 주며 노래를 가르쳐 주었다.

"선화 공주님은
남 몰래 정을 통해서
서동 서방님을
밤마다 품고 잔대요."

다음날부터 길거리며 시장에선 아이들이 부르는 노래가 울려 퍼졌다.

노래는 아이들을 통해서 어른들에게까지 전해졌고 곧 온 서라벌 사람들
이 그 노래를 알게 되었다. 마침내 그 노래는 궁궐에까지 알려졌다. 놀란
왕과 왕비는 선화 공주를 불러서 어찌된 일이냐고 물었다. 그러나 선화
공주는 억울하여 울기만 할 뿐이었다. 왕은 공주의 시녀들까지 불러들여
물었으나 시녀들 또한 억울하여 눈물만 흘렸다. 왕은 공주에게서 어떤 잘
못도 찾아낼 수가 없었다.

그러나 신하들은 가만있지 않았다.

"공주를 궁궐 밖으로 내보내십시오. 이미 소문이 온 나라에 퍼졌으니,
그냥 덮어둔다면 백성들이 왕실을 업신여길 것이옵니다."

할 수 없이 왕은 공주를 궁궐에서 멀리 떨어진 곳으로 보내라는 명령
을 내렸다.

아무 죄도 없이 궁궐에서 내쫓기게 된 선화 공주는 기가 막혔다. 그러
나 이미 국법으로 내려진 명령이니 거역할 수가 없었다. 공주의 어미인
왕비도 딸을 멀리 보내려니 찢어질 듯 가슴이 아팠다. 왕비는 공주에게
급할 때 쓰라며 황금을 주었다.

한편 서동은 모든 일이 자신의 뜻대로 되어가자 마음속으로 무척 기뻐
했다. 그는 공주가 지나갈 길을 미리 알고 기다렸다가 나타났다.

"공주님, 문안드립니다."

공주는 공손히 답례를 하였다.

"스님께서는 어느 절에 계시며 어떻게 이곳에 계신지요?"

"네, 소승은 태백산에 묻혀 있는 중인데 어젯밤 꿈에 부처님께서 나타
나시어 '빨리 나가서 공주의 행차를 안전하게 모시라'는 분부를 내리셨

기에 이곳에 와서 기다렸습니다. 제가 공주님을 모시고 갈 터이니 거절하지 마십시오."

공주는 스님의 마음이 고마워 허락을 했다.

함께 길을 가면서 서동은 공주가 불편하거나 근심하는 일이 없도록 정성껏 돌봐주었고, 세상 사람들의 사는 모습을 들려주었다. 그러면서 두 사람은 깊은 정이 들었고 서로 사랑하게 되었다.

마침내 서동은 자신이 노래를 지어 부르게 한 서동임을 밝혔다. 선화공주는 이미 짐작하였다며 이제 자신은 서동을 남편으로 믿고 따를 것이라고 말했다.

두 사람은 서동의 어머니가 계신 백제 땅으로 가기로 했다.

도착해보니 서동의 집은 정말 가난했다. 울타리도 없는 오막살이집에 벽에는 구멍이 숭숭 뚫렸고, 부엌의 몇 개 안 되는 그릇들도 성한 것이 없었다. 공주는 어머니가 준 황금을 꺼냈다.

"도대체 이게 무엇입니까?"

"황금입니다. 세상에 다시 없이 귀한 보물입니다. 이 황금만 갖고도 집을 짓고 논밭을 살 수가 있습니다."

서동은 깜짝 놀랐다.

"이것이 금입니까? 우리 마 밭에는 이것이 너무나 많아 마를 심고 캘 때마다 호미 끝에 걸려 귀찮았었습니다."

이번엔 공주가 눈을 둥그렇게 뜨고 물었다.

"그 많은 것이 금인 줄 몰랐다는 말씀입니까?"

"금이 좋다고는 들었지만 한 번도 본적이 없으니 그것이 금인 줄 몰랐지요."

서동은 공주를 마 밭으로 데리고 갔다.

정말 서동의 말대로 밭에는 황금이 흙과 함께 뒹굴고 있었다. 두 사람은 황금을 모아 밭 한쪽에 산더미처럼 쌓아놓고 의논을 했다.

공주는 황금을 신라 궁궐로 보내고 싶어 했다. 부모님에게 딸의 소식도 알리고 자신을 쫓아내라 주장했던 신하들을 혼내주고 싶었기 때문이었다.

그런데 금이 너무나 많아서 신라까지 보낼 방법이 없었다. 두 사람은 용화산 사자암(지금의 전라북도 익산시 미륵산)에 있는 지명법사를 찾아갔다.

지명법사는 두 사람을 안심시켰다.

"걱정 마십시오. 제가 신통력을 발휘해서 보낼 테니 금을 이리 가져오십시오."

두 사람은 크게 기뻐하며 황금을 스님 앞에 쌓고 그 위에 선화 공주가 쓴 편지를 올려놓았다.

지명법사는 하룻밤 사이에 그 많은 황금과 편지를 신라 궁궐로 옮겨놓았다.

신라 궁궐은 발칵 뒤집혔다. 군사들이 지키는 궁궐 안에 누가 그 많은 금을 하룻밤 사이에 갖다가 쌓아놓을 수 있단 말인가. 그때 누가 황금 더미 속에서 왕에게 바치는 편지를 찾아냈다.

왕은 깜짝 놀랐다. 궁에서 내쫓은 선화 공주의 글씨체가 분명하기 때문이었다. 선화 공주가 행방불명된 이후로 왕과 왕비는 늘 딸을 그리워하며 걱정하고 있었다.

편지에는 공주가 서동과 혼인을 하였으며, 황금을 어떻게 보내게 되었는지 그 내용이 자세하게 적혀 있었다.

왕은 공주가 무사한 것이 기뻤고, 공주를 보살펴 주고 이토록 많은 황금을 보낸 사위가 기특했다. 곧 왕은 기쁜 마음을 적은 편지를 답장으로 보냈다.

가난한 평민이었던 서동은 이로써 신라왕의 사위가 되었고 백제에서 모르는 사람이 없을 정도로 유명해졌다.

그 후로도 서동은 밭에 있는 금을 캐어 불쌍한 사람을 도왔고 신라의 진평왕은 자주 편지를 보내어 서동과 공주의 안부를 물었다. 백성들은 자신들의 처지를 잘 알고 도와주는 서동을 점점 존경하였고 진평왕 또한 서동을 믿는 마음이 점점 커지니, 마침내 서동은 백제의 왕에 오르게 되었다. 그 서동이 바로 백제의 30대 왕인 무왕이다.

왕위에 오른 후 하루는 무왕이 왕비와 함께 사자암에 가려고 용화산 아래에 있는 큰 연못가에 이르렀을 때였다. 갑자기 연못 한가운데에서 미륵 부처님 세 분이 나타났다. 왕과 왕비는 수레에서 내려 절을 하고 그 연못에 큰 절을 세울 것을 맹세했다. 그러나 아무리 궁리해도 그 넓은 연못을 메울 방법이 떠오르지 않았으므로 지명법사를 찾아갔다.

그날 밤, 지명법사는 신통력으로 주위의 산을 무너뜨려 연못을 평평한 땅으로 만들었다. 그 소식이 신라에 전해지자, 신라는 건축 기술자 백여 명을 보내어 절을 세우는 데 힘을 보탰다. 그리하여 미륵 부처님 세 분을 위하여 각각 전각과 탑을 세웠고 미륵사라고 이름을 지었다.

까마귀가 길을 알려준 지통스님

지통(智通)스님은 신라 문무왕 때의 스님이다.

이량공(伊亮公) 집안의 하인 몸에서 태어나 일곱 살 되던 해인 661년에 출가하여 승려가 되었다.

그런데 스님이 막 집을 나서려 할 때에 어디선가 까마귀 한 마리가 날아와서 사람의 목소리를 내어 울었다.

"영취산 낭지스님, 영취산 낭지스님."

그러더니 다시 어디론지 날아가 버렸다. 지통은 참으로 이상한 일이라고 생각했지만 까마귀가 말해 준 영취산으로 낭지스님을 찾아 떠났다.

영취산 입구에 이르러 어느 마을 앞 나무 밑에서 잠깐 쉬고 있을 때에 낯선 사람이 다가와 계(戒)를 주니, 지통이 그것을 받고 물었다.

"누구신지 알고 싶습니다."

그러자 그 사람이 이렇게 대답하고 사라졌다.

"나는 보현보살(문수보살과 함께 부처님을 오른쪽에서 모시고 있는 보살)이니라."

지통이 다시 길을 가다가 한 스님을 만나게 되어 낭지스님이 계신 곳을 물었다. 그 스님은 반가워하며 말했다.

"내가 낭지다. 방금 웬 까마귀 한 마리가 법당 앞에 와서 거룩한 아이가 오니 가서 맞이하라 하기에 나온 것이다."

낭지스님은 그때 135세로 세상과 인연을 끊고 이곳 영취산 깊은 곳에 숨어서 오로지 불법에만 정진하던 큰스님이었다.

낭지스님이 지통에게 계(戒)를 내리려 하자 지통이 이곳에 오다가 생긴 일을 말했다. 낭지스님은 지통에게 공손히 합장을 했다.

"그대는 벌써 보현보살님을 만났구려. 나는 아침저녁으로 정성을 드리며 뵙기를 원하나 아직도 뵙지 못하였다오."

훗날 지통스님이 보현보살을 만났던 그 나무를 보현수(普賢樹)라고 부르게 되었다고 한다.

지통스님은 의상대사의 문하에 들어가 깊은 뜻을 깨달았다고 하며 원효대사가 반고사에 있을 때 지통스님을 찾아가 가르침을 받아서 「초장관문(初章觀文)」, 「안신사심론(安身事心論)」을 지었다고 한다.

또 의상대사가 소백산 추동(錐洞)에서 대중들에게 「화엄경」을 일러줄 때 그 내용을 기록하니 그것이 「추동기(錐洞記)」이다.

교룡을 물리친 혜통

혜통(惠通)스님은 신라 문무왕·진덕왕·신문왕 때의 사람으로 경주 남산의 서쪽 은천동(銀川洞)에서 태어났다. 스님이 어렸을 때, 하루는 시냇가에서 놀다가 수달 한 마리를 잡았다. 혜통은 그 수달의 가죽을 벗기고 뼈를 언덕에 버렸는데 아침에 가보니 뼈는 보이지 않고 핏방울이 떨어져 있었다.

"이상하다, 뼈가 어디 갔지?"

혜통은 핏방울을 따라 걸어갔다. 핏자국은 수달의 굴로 이어져 있었고 굴 안에는 자신이 잡았던 수달이 뼈만 있는 모습으로 새끼 다섯 마리를 품고 있었다. 그것을 본 혜통은 살생이 저지른 결과에 충격을 받았고 자신의 잘못을 뉘우쳐 승려가 되었다.

나중에 당나라로 간 혜통은 무외삼장을 만나 불도를 가르쳐 줄 것을 부탁하였다. 그러나 무외화상은 멸시하며 다음과 같은 말로 거절하였다.

"동쪽의 오랑캐 놈이 어찌 깨달아 부처가 될 수 있단 말이냐."

혜통은 실망하지 않았다. 무외의 가르침을 받기 위해 3년 동안이나 무외를 정성껏 모셨다. 그런데도 무외가 허락을 하지 않자 어느 날 혜통 선사는 불에 벌겋게 달궈진 화로를 머리에 이고 섰다.

뜨거운 열기를 견디지 못한 혜통의 정수리가 터지자 이를 본 무외가 깜짝 놀라 달려왔다. 그가 혜통의 정수리를 어루만지며 신주(신성하고 마력적인 문구로 이를 외워 번뇌와 악을 물리침)를 외우자 정수리가 다시 붙어 씻은 듯이 나았다. 단지 터졌던 흔적만 남았는데 그 흔적이 왕자(王字)와 비슷하다 하여 사람들은 혜통을 왕 스님이라고 불렀다. 그때부터 무외는 혜통이 불도를 수행할 수 있는 사람임을 알고 제자로 받아들였다.

그 무렵 당나라 황실의 공주가 중병에 걸렸다. 어떤 약도 소용이 없자 고종 왕이 무외에게 와줄 것을 요청했다. 무외는 자기 대신 혜통을 보내며 은밀히 신통력을 가르쳐주었다.

궁궐에 도착한 혜통이 보니 교룡(전설의 용. 모습이 뱀과 비슷하다고 함) 한 마리가 공주의 몸을 휘감고 있었다. 혜통은 무외가 가르쳐 준 대로 먼저 흰 공 한 말을 은그릇 속에 넣고 신주를 외웠다. 그러자 흰 콩이 모두 흰 갑옷을 걸친 군사로 변했다. 그러나 흰 갑옷의 군사로는 교룡을 쫓아낼 수가 없었다. 다시 혜통이 검은 콩 한말을 금그릇 속에 넣고 신주를 외우자 검은 갑옷을 입은 군사로 변했다. 그 두 군사들이 교룡과 싸우니 교룡은 견디지 못하고 도망갔고 공주는 병이 나았다.

한편 .혜통에게 쫓겨난 용은 혜통의 고국인 신라로 가서 문잉림(文仍

林)이라는 숲 속에 숨어 살며 마주치는 사람들에게 닥치는 대로 분풀이를 했다. 나라에서는 혜통스님밖에 방법이 없다 하여 정공(鄭恭)을 중국으로 보내 스님을 모셔왔다. 정공과 함께 귀국한 혜통은 이번에도 신통력으로 용을 쫓아냈다.

교룡은 자신이 쫓겨난 것은 정공이 혜통을 데려왔기 때문이라고 생각했다. 교룡은 버드나무로 변해 정공의 집 앞에 섰다. 정공은 그 버드나무가 교룡인줄 모르고 가지가 아름답게 늘어지고 잎이 무성한 그 버드나무를 무척이나 아꼈다.

그러던 어느 날, 신문왕이 돌아가시고 큰아들 효소왕(孝昭王)이 왕위를 잇게 되었다. 효소왕은 아버지의 묘로 이어지는 길을 넓게 단장하라고 명령했다. 그런데 그 길에 버드나무 한 그루가 버티고 서 있었다. 그 나무를 베려하자 정공이 뛰어나와 외쳤다.

"이 나무를 베려거든 차라리 내 목을 베어라."

이 말을 들은 효소왕은 크게 노하였다.

"정공이 혜통을 믿고 교만하기 짝이 없구나. 정공의 소원대로 당장 목을 베어 버리고, 혜통도 잡아들여라."

명령을 받은 군사들은 정공의 목을 베고 집을 불태워버렸다. 그리고 혜통을 잡기 위해 왕망사(王望寺)로 달려갔다.

혜통은 군사들이 올 것을 미리 알고 붉은 물감을 묻힌 붓 하나와 병 하나를 들고 나가 기다렸다. 병사들이 가까이 오자 스님이 말했다.

"내가 무엇을 하는지 잘 보아라."

스님은 붉은 물감을 묻힌 붓을 병 목에 휙 긋고 다시 말했다.

"이제 너희들의 목을 보아라."

군사들이 자기들 목을 보니 목마다 붉은 줄이 선명하게 그어져 있었다. 놀란 군사들에게 혜통이 다시 말했다.

"자, 이제 내가 이 병 목을 자를 것이다. 그때 너희들의 목 또한 잘리리라."

군사들은 두려움에 떨며 도망쳐 효소왕에게 사실을 아뢰었지만 왕은 호통을 쳤다.

"어찌 그런 일이 있을 수 있단 말이냐."

그러나 군사들이 목을 내밀어 증거를 보이자 왕도 더 이상 혜통을 잡아들이라 명령하지 못했다.

며칠 후, 갑자기 공주가 병에 걸려 앓아누웠으나 어떤 약도 효과가 없었다. 왕은 지난날의 잘못을 사죄하며 혜통스님에게 공주를 구해 달라 부탁했다. 혜통이 와서 신주를 외우자 공주는 금세 자리에서 일어났다.

그런데 공주의 병이 낫는 날, 많은 사람들이 교룡 한 마리가 궁에서 나와 기장산으로 도망치는 것을 목격했다. 왕은 비로소 정공이 죽게 된 것도, 공주가 병이 났던 것도 모두 그 교룡이 꾸민 짓임을 깨닫고 혜통을 국사(國師. 왕의 스승)로 모셨다.

기장산에 들어간 용은 더욱 심술을 부려 백성들을 해쳤다. 왕스님은 기장산으로 쫓아가 교룡을 불러 타일렀다.

"부처님의 말씀을 따른다면 너도 부처님의 자식이 될 수 있을 것이다."

그리고 불살생계(不殺生戒. 불교의 다섯 가지 계율 중 하나. 생명을 죽이는 것을 금지하는 계율)를 가르치자 용이 다시는 사람들을 해치지 않았다.

이 이야기는 「삼국유사」의 신주편에 기록된 설화이다.

혜통스님은 해동진언종(海東眞言宗)의 창시자이다. 진언이란 석가모니 부처님의 깨달음을 나타내는 말이며, 진실하고 거짓이 없는 신주를 말한다. 혜통이 교룡을 물리칠 때마다 신주를 외웠듯이 일반 백성들은 부처님 말씀을 외우며 복을 빌고 재앙을 물리치기를 소원했다.

Chapter 3

부처의 현신을 본다

신충스님과 신문왕의 부스럼

앞 이야기의 주인공인 혜통선사가 당에서 돌아왔을 때 신문왕은 먼저 자신의 등에 난 큰 부스럼을 낫게 해 달라 부탁했다. 혜통선사는 진언을 외워 왕의 부스럼을 낫게 한 뒤 말했다.

"폐하께서 왕이 되셨을 때 신충스님(信忠)의 죄를 잘못 다스려 노비로 만드니 그의 원망이 쌓여 부스럼으로 임금님을 괴롭힌 것입니다. 그러니 신충을 위해 절을 세우고 명복을 빌면 앞으로 평안하실 것이옵니다."

왕이 혜통의 말대로 자신의 잘못을 뉘우치고 절을 지어 이름을 봉성사(奉聖寺)라 했다. 절이 완성되는 날 하늘에서 신충스님의 목소리가 들렸다.

"왕께서 절을 세워주시니 이제 맺혔던 원한이 풀리고 천상에 태어날 수가 있게 되었습니다."

그때가 신라 신문왕 5년, 685년이었다. 봉성사가 있던 곳은 지금의 경주시 동성동이라고 한다.

고승전(高僧傳)에 같은 이름의 신충스님 이야기가 나온다. 효성왕 때의 스님인데 효성왕이 왕자이던 시절에 함께 바둑을 두다가 옆에 있던 잣나무를 두고 이렇게 맹세를 했다.

"내가 훗날 너를 잊지 않을 터이니 너도 우정을 버리지 말라"

몇 달 뒤, 효성왕은 왕위에 올라 다른 신하들은 모두 상을 주었으나 깜빡 잊고 신충에게는 상을 내리지 않았다. 그러자 신충은 왕이 맹세를 저버렸다 하여 노래를 지어 그 잣나무에 걸어놓으니 잣나무가 죽었다.

왕이 죽은 잣나무에 붙어있는 노랫말을 보고 자신의 실수를 깨닫고 벼슬을 내렸다. 신충은 후에 상대등(上大等)이라는 높은 지위에까지 올랐다가 출가하여 단속사(斷俗寺)를 짓고 신문왕의 명복을 빌었다고 한다.

이 단속사는 경남 산청군 단성면의 지리산에 자리 잡고 있었다. 절터만 남았으나 최치원(崔致遠)이 썼다는 비석(刻石)이 있고, 솔거가 그린 유마상(維摩像)도 있었고 하나 지금은 남아 있지 않다. 좌우에 3층 석탑이 있는데 모두 국보이다.

의상대사와 선묘룡

의상대사는 신라 계림부(鷄林部) 사람이다. 본래 성은 김(金)씨로 29세 때에 황복사(皇福寺)에서 출가하였다. 중국으로 가 불법을 깊이 배우리가 마음먹고 650년에 원효대사와 함께 당나라 요동반도에까지 갔다. 그러다가 어느 날 소나기를 파하기 위해 토굴 속에 들어갔는데 아침에 깨어보니 토굴은 오래되어 무너진 무덤이었고 지난 밤 원효가 마신 물은 해골에 담긴 썩은 물이었다.

그 자리에서 원효는 모든 것이 마음에 달렸다며 신라로 돌아갔고 의상은 홀로 중국으로 들어갔다. 온갖 고생 끝에 중국의 양주(楊州) 바닷가에 이르렀지만 말도 다르고 지리도 잘 모르는 낯선 타국에서 밥을 얻어 생활해야 했다. 그때 어느 스님이 의상을 보았는데 비록 옷은 남루하지만 용모에 위엄이 넘침을 보고 자신의 집으로 데려가 머물도록 했다.

그 주인에게는 선묘(善妙)라는 아름다운 딸이 있었다. 선묘는 의상을 사랑하게 되어 아름다운 용모와 말로써 의상을 유혹하려고 했다. 그러나 자신을 불법에 바치기로 결심한 의상은 마음은 돌처럼 단단했다.

도저히 의상의 마음을 움직일 수가 없자 선묘는 의상에게 나아가 말했다.

"스님께서 그처럼 부처님 모시기를 원하시는데 제가 어찌 스님의 마음을 바꾸겠습니까. 하지만 소녀 또한 이 몸을 스님께 바치기로 맹세하였으니, 차라리 스님께 의지해 부처님의 큰 뜻을 배워보려 합니다. 스님께서는 어서 불법을 깨우쳐 어리석은 소녀를 이끌어 주십시오. 오늘부터 소녀는 스님의 몸종이 되어 스님께 필요한 모든 것을 보살피겠습니다."

의상은 선묘의 그 마음마저 물리칠 수가 없어 허락했다. 그런 다음 선묘를 안심시키고 종남산(終南山)으로 지엄(智儼)스님을 찾아 나섰다.

지엄스님은 화엄종의 기초를 다진 큰스님이었다. 어느 날 지엄스님은 해동(海東. 우리나라를 말함) 땅에 커다란 나무 한 그루가 뻗친 그늘이 중국 땅에까지 드리워지는 꿈을 꾸었다. 너무나 생생한 꿈이어서 지엄은 깨끗이 목욕을 하고 무슨 일이 일어나기를 기다렸는데 바로 그날 의상이 지엄을 찾아왔다. 지엄은 의상을 맞이했고 의상은 지엄으로부터 화엄의 깊은 뜻을 배웠다.

몇 년을 정진한 의상이 이제 신라로 귀국하려고 생각한 무렵, 신라 사신으로 당나라에 왔던 승상 김인문(金仁問)이 갇히는 사건이 벌어졌다. 당나라 왕 고종이 군사를 이끌고 신라를 치려고 김인문을 가둔 것이었다. 김인문은 의상대사에게 몰래 사람을 보내어 어서 귀국해서 신라를 구하라고 부탁했다.

의상은 선묘의 집에 찾아가 수년 동안 보살펴준 것에 대해 감사하고 배에 몸을 실어 귀국을 서둘렀다. 선묘는 의상을 위해 미리 준비해 둔 승복과 여러 물건들을 전하기 위해 바닷가로 나왔다. 그러나 의상이 탄 배는 이미 육지를 떠나 먼 바다로 나아가고 있었다. 선묘는 그 자리에 무릎을 꿇고 앉아 부처님께 빌었다.

"부처님, 소녀는 오직 의상 대사를 공양하고자 이것을 가져왔습니다. 부디 이 상자가 저 배에 전해지도록 도와주십시오."

기도를 마친 선묘는 상자를 들어 바다를 향해 던졌다. 그러자 신기한 일이 일어났다. 묵직한 상자가 가벼운 깃털처럼 날아가 의상이 탄 배의 갑판 위에 떨어진 것이었다. 이를 본 선묘는 부처님께 다시 빌었다.

"부처님, 이 몸이 죽어서라도 의상 대사를 위하고자 하니 저를 용으로 변하게 하시어 스님의 배가 무사히 신라 땅에 닿게 하소서."

말을 마치자마자 선묘는 푸른 바다에 몸을 던졌다. 그리고 정말 기도대로 한 마리 용으로 변해 의상이 탄 배를 호위하였다.

의상으로부터 당이 침략해 올 것을 전해들은 신라에서는 상황이 매우 위태로움을 알고 명랑법사(明朗法師)를 불렀고, 명랑법사는 폭풍우를 크게 일으켜 당의 군사를 물리쳤다.

귀국한 후 의상은 화엄의 진리를 펼 터전을 찾아 여러 곳을 두루 돌아다녔다. 그러다 태백산에서 마땅한 장소를 발견해 절을 세우고자 하였으나 산적들이 나타나 의상을 위협하였다.

그때 갑자기 선묘룡이 나타나 번갯불을 치고 봉황이 나타나 큰바위를 세 번이나 공중으로 띄웠다. 이를 본 산적들은 의상의 제자가 되어 절을

짓는 것을 도왔다.

의상이 그곳에서 화엄경을 알리니 여름에는 서늘하고 겨울에는 따뜻하여 많은 사람들이 모여들었다.

그 절이 바로 경상북도 영주군 부석면 봉황산(鳳皇山)에 있는 부석사(浮石寺)이다. 봉황이 나타났다 하여 봉황산, 돌이 떴다 하여 부석사라 이름을 붙였다 한다.

절의 마당에는 선비화라는 이름의 커다란 나무가 있는데, 의상대사가 짚고 다니던 지팡이가 자란 나무라는 전설이 있다. 부석사의 무량수전과 조사당은 고려 때에 지은 것으로 우리나라 목조건물 중 가장 오래된 것의 하나이다.

명랑법사와 사천왕사

　명랑법사는 신라의 스님으로 선덕여왕이 즉위하던 해인 서기 632년에 당나라에 들어가 불도를 닦았다. 4년 만에 귀국할 때 용왕의 청을 받고 용궁에 들어가서 용왕으로부터 비법(秘法)을 전수받고 귀국하여 자신의 집을 절로 만들기도 했다.

　명랑이 귀국할 즈음은 당나라와 신라가 연합하여 고구려와 백제를 멸망시켰을 때였다. 그러나 당나라는 장차 신라까지 칠 속셈이었으므로 당나라 군사를 그대로 신라에 머물게 하였다. 신라는 이를 눈치 채고 신라는 몰래 준비해 둔 군사로 당나라 군사를 몰아냈다.

　당나라 고종은 크게 노하였고 이듬해에 신라에서 김인문이 사신으로 오자 그를 옥에 가두고 50만 군사를 풀어 신라를 치려고 했다. 이 소식이 전해지자 문무왕(文武王)은 신하들을 모아 방법을 논의했으나 별다른 대책이 없었으므로 명랑법사를 부르게 하였다.

명랑법사는 낭산(狼山) 남쪽에 있는 신유림(神遊林)에 사천왕사(四天王寺)를 세우면 재앙을 물리칠 수 있다고 말했다. 그러나 절을 짓기 시작하기도 전에 급히 전갈이 왔다.

"당나라 군사가 벌써 우리 땅을 침범하였습니다."

모두 당황하여 어쩔줄 모르는데 명랑이 조용히 입을 열었다.

"우선 임시 건물이라도 지어서 방어하는 수밖에 달리 도리가 없습니다."

명랑은 비단을 장막과 같이 둘러쳐서 절을 꾸미고 짚으로 오방신장(五方神將. 동서남북과 중앙을 지킨다는 신)을 만들어 세운 뒤에 유가명승(瑜珈明僧) 12명을 이끌고 문두루비밀법(文頭婁秘密法)을 외웠다. 그러자 신라군사와 당나라 군사가 서로 활을 겨누기도 전에 폭풍우가 크게 일어 당나라 군사가 모조리 물속에 빠져 죽었다. 이렇게 화를 면한 후 명랑은 임시로 세운 절을 뜯어내고 그 자리에 사천왕사(四天王師)를 세웠다.

뒤에 다시 당나라의 5만 군사가 쳐들어왔으나 명랑 법사가 다시 그 비법을 행하여 당나라 군사를 완전히 수장시켰다. 얼마 후 박문준(朴文俊)이 김인문과 함께 사신으로 왔다가 그 또한 옥에 갇히게 되었는데 당나라의 고종이 박문준을 불러내어 물었다.

"내가 두 번이나 크게 군사를 일으켰으나 단 한 사람도 살아 돌아오는 자가 없다. 너희 나라에는 대관절 무슨 비법이 있어 그러느냐?"

박문준이 대답하였다.

"사신의 몸으로 왔다가 이렇게 10년 동안이나 갇혀 있는 제가 어찌 본국의 일을 알 수 있겠습니까? 하오나 들려오는 소문에 따르면 당나라의 큰 은혜로 삼국을 통일하였으므로 그 덕을 갚고자 낭산 남쪽에 사천왕사를 세우고 황제의 만수무강을 비는 법회를 매일 연다고 합니다.”

고종은 이 말을 듣고 대단히 기뻐하였다. 곧 예부시랑(禮部侍郞) 낙붕구(樂鵬龜)를 신라에 보내어 정말 그러한 절이 있는가 알아보도록 했다.

나라를 수호하는 사천왕사를 당의 사신에게 보이지 않으려고 신라왕은 절의 남쪽에 새로 절을 지어놓고 기다렸다. 그리고 신라에 도착한 낙붕구가 사천왕사에 가서 향을 올리겠다고 하자 새로 지은 절로 데려갔다. 그러나 낙붕구는 문 앞에서 살펴보더니 사천왕사가 아니라며 들어가려 하지 않았다. 신라왕과 신하들이 여러 가지로 달래고 설득했으나 낙붕구는 듣지 않았다. 결국 황금 일천 냥을 주어 낙붕구를 설득할 수가 있었다.

황금의 위력은 대단했다, 낙붕구는 당에 돌아가서 고종에게 박문준의 말이 틀림없는 사실이라고 보고했으며 그 후부터 신라와 당나라 사이는 평화로워졌다. 김인문과 박문준 등 신라의 사신들도 모두 풀려나 귀국길에 올랐으나 박문준은 뱃길에서 죽어 결국 고국의 땅을 밟지 못했다.

명랑법사가 세웠다는 사천왕사는 경북 경주시 왕산리에 그 절터만 남아 있다. 또한 낙붕구에게 보이기 위해 세운 그 절의 이름은 망덕사이다.

용이 된 문무왕과 만파식적

신라 문무왕(文武王)은 독실한 불자로써 늘 가까이 하던 지의스님에게 입버릇처럼 말했다.

"나는 죽은 뒤에도 나라를 지키는 용이 되어 불법과 나라를 수호할 것이오."

지의스님은 놀라 말했다.

"용이 신통한 재주가 있다고 하나 결국 짐승에 불과합니다. 어찌 짐승으로 태어나려 하십니까?"

그러나 왕은 미소를 지으며 대답했다.

"세상의 부귀영화에 질린지 오래이니 짐승으로 태어나더라도 이 나라를 지킬 수 있다면 더 이상 바랄 게 없소."

681년에 병이 들어 죽음을 앞두자 맏아들과 신하들을 다음과 같은 유언을 했다.

"내가 죽으면 불교식으로 화장을 해서 동해에 묻어라. 죽어서도 나라를 지키리라."

아버지의 뒤를 이어 왕위에 오른 신문왕은 문무왕의 유언을 따라 장사를 지내고, 장사를 지낸 곳에서 마주 보이는 바닷가에 감은사(感恩寺)라는 절을 세웠다. 그리고 절의 법당 아래에 용이 된 문무왕이 드나들 수 있도록 바닷물이 들고나는 통로를 만들었다.

그런데 문무왕이 죽은 그 다음 해 5월, 한 신하가 보고했다.

"동해에 작은 바위산 하나가 감은사 주변을 떠다닌다 합니다."

신문왕은 이상히 여겨 일관(日官. 별자리와 점 등으로 길흉을 예고하던 관직) 김춘질에게 점을 치게 하였다.

"전하, 돌아가신 문무왕께서 이제 바다의 용이 되시어 김유신 장군과 더불어 신라를 지키고자 증거를 보여주려 하시니, 동해로 나아가시면 더없이 귀한 보물을 얻을 것입니다."

왕이 크게 기뻐하며 즉시 동해로 가니 정말 바위산 하나가 바다 위를 떠다니고 있었다. 사람을 보내 자세히 살피니 산은 거북의 머리처럼 생겼고 그 위에 대나무가 한 그루 서 있었다. 그 대나무는 신기하게도 낮에는 둘로 갈라지고 밤에는 하나로 합쳐졌다.

왕은 직접 그 바위산에 오르리라 마음먹고 그날 밤은 감은사에게 묵었다. 그런데 다음날부터 천둥번개가 치고 폭우가 내리며 사방이 캄캄해져 앞을 볼 수가 없었다. 비바람은 이레 동안이나 계속 몰아친 후에 그쳤다.

잔잔해진 바다에 배를 띄우고 신문왕이 타자 용 한 마리가 나타나 검은 옥띠 하나를 바쳤다. 왕이 그 띠를 받아 허리에 두르고 이 섬의 대나무가 하나가 되었다가 둘이 되는 이유를 묻자 용이 대답했다.

"한 손을 두드리면 소리가 없으나 두 손을 마주치면 소리가 납니다. 이 대나무도 합해야만 소리가 날 터이니 이 대나무로 피를 만들어 불면 천하가 평안해질 것입니다. 돌아가신 문무왕께서는 동해의 용이 되셨고, 김유신 장군은 천신(天神)이 되셨으니 두 성인의 노력으로 이토록 값진 보물을 얻게 된 것입니다."

신문왕은 용이 가르쳐 준 대로 신기한 대나무를 베어 나오자 그 섬과 용은 사라졌다.

다음날 왕이 감은사를 떠나 봉화군 문수산에 있는 기림사 서쪽 시냇가에 도착했을 때 궁에 있던 태자 이공(훗날의 효소왕)이 말을 타고 왕을 마중 나왔다.

이공은 옥띠를 살펴보고 말했다.

"이 옥띠에 달린 장식들은 모두가 진짜 용들입니다."

왕이 어찌 그것을 아느냐고 묻자 이공은 옥 장식 한 개를 떼어 시냇물에 넣었다. 순간 옥 장식은 커다란 용으로 변해 하늘로 솟아 올라갔고 용이 올라간 자리는 연못이 되었다. 사람들은 용의 연못이라 하여 그 연못을 용연이라 불렀다.

한편 신문왕은 궁궐로 돌아와서 그 대나무를 가지고 피리를 만들었다. 정말 그 피리를 불면 적의 군사도 금세 물러가고, 질병도 사라졌으며, 폭풍우 치던 바다도 잔잔해지고, 가뭄에도 비가 내렸다. 그리하여 그 피리에 파도와 바람을 잠재우는 피리라는 뜻의 만파식적(萬波息笛)이라는 이름을 붙이고 월성의 천존고라는 창고에 보존하였다고 하나 지금은 전해지지 않는다.

682년에 신문왕이 선왕의 은혜에 보답키 위하여 지었다는 감은사(感恩寺)는 경상북도 월성군 양북면에 있던 절이다. 1959년에 옛 절터에 있던 3층 석탑을 수리하다가 석탑의 제3층 탑신에서 귀중한 사리를 발견하였다.

또한 감은사 터 맞은 편 바다 속에서 수중 묘를 발견하여 기록으로 내려오던 것이 역사적인 사실임을 확인했으며 그 수중 묘를 문무대왕의 묘라 하여 대왕암이라 명명했다.

경흥법사와 문수보살

경흥법사(憬興法師)는 18세에 출가하였으며 경(經)·율(律)·논(論)에 능했고 문무왕의 유언에 따라 신문왕 때에 국사(國師)가 되었다.

그런데 경흥은 자기 과시욕이 있었는지 궁궐에 출입할 때면 언제나 말을 타고 앞뒤로 시종을 거느리고 다녔다.

어느 날 법사께서 말에서 내리려 하는데 바로 그 곳에 웬 초라한 차림의 중이 생선을 담은 바구니를 메고 앉아서 쉬고 있었다.

법사의 시종이 그 중을 몰아내며 말했다.

"명색이 승복을 입은 중으로 어찌 이런 더러운 물건을 지고 다니는가."

그러나 그 스님은 태연하게 이런 말을 남기고 가버렸다.

"두 다리 사이에 살코기도 꿰고 다니는데 시장바닥에서 죽은 고기를 메고 다니는 게 무슨 흉이란 말이오."

이를 지켜보던 경흥은 그 스님이 보통 스님이 아니라 여기고 사람을 시켜 중의 뒤를 쫓게 했다. 그 중은 남산 문수사(文殊寺)에 이르더니 갑자기 사라져 버리고 문수보살상 앞에 그 중이 멨던 바구니만 덩그러니 놓여 있었다. 그 바구니 속을 살피자 생선이 아니라 소나무 껍질이 담겨 있었다.

시종으로부터 이야기를 들은 경흥법사는 문수보살이 그를 깨우치기 위해 왔음을 깨닫고 그 뒤로는 다시 말을 타지 않았다.

엄장을 꾸짖은 광덕의 부인

광덕(廣德)과 엄장(嚴莊)은 같은 시대를 산 큰스님들로 서로 가까이 지내는 사이였다. 두 스님은 누구든지 먼저 세상을 하직하게 되면 서로 알려주자고 약속을 했다.

그런데 어느 날 저녁, 엄장의 창 밖에서 광덕의 목소리가 들렸다.

"나는 지금 서방정토로 가는 길이니 자네는 잘 있다가 나를 따라오게"

엄장이 신도 신지 못하고 달려 나가니 하늘이 대낮같이 밝고 신비로운 음악이 들려왔다.

이튿날, 엄장이 광덕을 찾아가 보니 과연 광덕이 죽은 뒤였다. 엄장은 광덕의 부인과 함께 광덕의 유해를 거두어 장사를 지냈다. 그런데 집으로 돌아오려 하니 광덕의 부인이 마음에 걸렸다. 엄장은 부인 혼자 두고 가려니 발길이 떨어지지 않아 함께 가 지냄이 어떠냐고 물었다. 광덕의 부인은 고개를 끄덕이며 엄장을 따라왔다

그날 밤 엄장은 광덕의 부인 방으로 들어갔다. 그러자 광덕의 부인은 엄한 얼굴로 엄장을 꾸짖었다.

"어찌 이러고도 정토(淨土. 부처가 사는 번뇌가 없는 깨끗한 세상)에 가기를 원하십니까? 광덕 스님께서는 저하고 10여 년을 함께 사셨으나 한 번도 같은 자리에 눕지 않으셨습니다. 밤마다 저 창 아래 단정히 앉아서 염불을 하시거나 그렇지 않으면 16관(十六觀, 중생이 죽어서 극락세계에 가기 위하여 닦는 16가지 수도법)을 하시다가 달빛이 방에 들어오면 그 빛 위에 앉으시어 정진하셨습니다. 그런데 스님께서는 어찌 이런 행실을 보이며 정토를 가려 한단 말입니까?"

엄장은 너무도 부끄러워 아무 말도 못하고 광덕의 집을 나왔다. 그는 곧장 원효 대사를 찾아가 과거를 참회하였다. 그 후로 원효의 가르침을 받아 열심히 정진하여 그도 또한 서방정토로 가게 되었다.

그런데 엄장을 꾸짖어 깨우쳐 준 광덕의 부인은 사실 분황사에서 일하던 사람으로 관음보살이셨다고 한다. 관음보살은 중생들을 구원하고 깨우치기 위해 여러 가지 모습으로 나타나시니, 광덕의 부인도 인간의 모습을 한 관음보살이셨던 것이다.

효소왕과 석가부처

경북 경주시 배반리에 있던 망덕사(望德寺)는 당나라 왕실의 화평과 복을 빌기 위하여 지은 절이었다. 경덕왕 15년인 755년에 이 절의 목탑이 심하게 흔들렸는데 때를 맞춘 듯 그 해 당나라에서 안록산의 난이 일어났다고 한다.

망덕사의 완공을 축하하는 날, 효소왕(孝昭王. 신문왕이라는 기록도 있음)이 친히 찾아가 예불을 드리는데 차림이 몹시 초라한 한 스님이 나타나 청하였다.

"소승도 참여토록 허락해 주소서."

효소왕은 쾌히 허락하여 끝자리에 앉게 하였다. 법회가 끝난 후에 효소왕은 초라한 그 스님에게 어느 절에서 왔느냐고 물었다.

"네, 소승은 비파암에 머무르고 있습니다"

왕은 그를 놀릴 작정으로 웃으며 말했다.

"절로 돌아가다가 사람을 만나더라도 왕과 함께 법회에 참여하고 오는 길이다, 라는 말은 하지 마시오."

그러자 스님 또한 웃으며 말했다.

"임금님께서도 석가부처에게 공양하였다는 말은 하지 마시오."

그러더니 순식간에 몸을 솟구쳐 남쪽으로 날아갔다.

왕은 부끄럽고 놀라워 동쪽 누각에 올라 남쪽 하늘을 향해 무수히 합장하며 참회한 후에 사람을 보냈다. 신하가 돌아와서 말했다.

"남산 참성곡(叅星谷)이라는 계곡까지 뒤쫓았으나 스님은 뵙지 못하고 그곳에서 돌지팡이와 발우만을 발견하고 가져왔습니다."

왕은 스님이 머물렀다는 비파암에 석가사(釋迦寺)를 세우고, 돌 지팡이와 발우가 놓였던 곳에 부처님이 형상을 감춘 곳이란 뜻으로 불무사(佛無寺)를 세웠다.

저승에서 다시 살아서 온 선율

선율(善律)은 신라시대의 스님으로 망덕사(望德寺)에서 지내며 600권 짜리 「육백반야경(般若經)」을 만드는 중이었다. 그런데 하루는 저승사자가 찾아와 선율을 잡아갔다.

선율은 염라대왕 앞으로 끌려갔다. 염라대왕이 물었다.

"그대는 인간세계에서 무슨 업(業. 몸과 입고 마음으로 짓는 선악의 행위)을 지었느냐?"

"저는 신라 망덕사의 중입니다. 반야경 육백 권을 만들고자 하였으나 이루지 못하고 오니 안타까울 뿐입니다."

염라대왕은 크게 감동하여 말했다.

"그대의 정해진 목숨은 이미 다 하였으나 그토록 큰 소원이 있으니 다시 인간 세상으로 돌려보내주마. 불경을 다 마치고 돌아오라."

선율은 기쁜 마음으로 저승길을 되짚어 걸어 나왔다.

그런데 한 여인이 나타나 울면서 말했다.

"저도 신라 사람입니다. 사량군(沙梁郡) 구원사(久遠寺) 서남쪽에 살다가 목숨이 다하여 저승에 왔습니다. 제 부모님이 금강사의 논 한 고랑을 몰래 우리 밭에 넣어 경계를 만든 죄로 제가 무수한 고통을 당하고 있습니다. 인간 세상으로 돌아가시거든 부디 제 부모님께 말씀드려서 그 논을 절에 돌려 드리라 말해 주십시오. 그리고 제가 인간 세상에 있을 때 마루 밑에 기름 한 병을 묻어 두고 곱게 짠 베를 이불 사이에 끼워 두었습니다. 그 기름으로 부처님 앞에 불을 밝히시고, 그 베를 팔아 경전을 만드는 데 써주십시오. 그러면 제가 이 무서운 고통에서 벗어날 수 있을 것입니다."

선율이 여인과 헤어져 다시 걷다가 문득 놀라 돌아보니 무덤 속이었다. 망덕사의 스님들이 이미 선율을 장사지낸 것이었다.

"누구 없소? 이 안에 사람이 있으니 살려 주시오!"

사흘이나 소리쳐 부르자 마침 무덤 곁을 지나던 농부가 그 소리를 듣고 망덕사로 달려가 알렸다. 스님들이 달려가 무덤을 허물고 관 뚜껑을 열자 선율이 지친 몸으로 누워 있었다. 그때는 이미 선율스님이 열반한지 열흘째 되는 날이었다.

무덤에서 나온 선율은 저승에서 있었던 일을 자세히 말해 주고 저승에서 만난 여인의 집을 찾아갔다. 그 집에 가니 여자는 15년 전에 죽었고 노부부가 있었는데 처음에는 선율의 말을 믿지 않았다. 그러나 여자의 말대로 기름과 베를 찾아내자 자기들 때문에 딸이 고통 받는 것을 생각하며 슬피 울고 잘못을 뉘우쳤다.

그날 밤 망덕사로 돌아온 선율은 죽은 여인을 위로하기 위해 정성껏 불경을 외웠다. 그러자 갑자기 여인의 혼령이 나타나 공손히 절을 올렸다.

"스님의 은혜를 입어 저승의 고통에서 벗어나 좋은 곳에 태어나게 되었습니다. 스님, 고맙습니다."

이 소문을 듣고 사람들은 놀라며 깊이 감동하였다. 그리고 다투어 시주를 하였으므로 「반야경」 600권을 완성할 수가 있었다. 그날 밤 선율의 방에 저승사자가 다시 나타났다. 선율은 평화롭게 눈을 감았다.

돌미륵이 가리켜 준 자리

생의화상(生義和尙)은 신라 선덕여왕 때의 스님으로 도중사(道中寺)에서 지냈다.

하루는 꿈에 어떤 스님이 나타나서 생의를 데리고 남산으로 올라갔다. 그 스님은 어느 곳에 이르자 풀끼리 묶어 표시를 하고 다시 산 남쪽 골짜기로 생의를 데려가더니 이렇게 말했다.

"내가 지금 이곳에 묻혀있으니 파내어 고개 위로 올려 달라."

꿈에서 깬 생의가 사람을 데리고 그 골짜기를 찾아가 땅을 파보니 돌미륵이 나왔다. 생의는 돌미륵부처님이 알려 준 삼화령 고개에 절을 지어 돌미륵을 모셨다. 뒤에 절 이름을 생의사(生義寺)라 하였는데 충담(忠談)스님께서 해마다 3월 3일과 9월 9일에 이 미륵불에 공양을 하였다고 한다.

노힐부득과 달달박박

　백월산은 신라 구사군(仇史郡. 지금의 의안군) 북쪽에 있는 산으로 산봉우리가 기이하고 산맥이 수백 리에 뻗어 있는 큰 산이었다.

　백월산에는 다음과 같은 전설이 내려오고 있었다.

　옛날 당나라 황제가 연못을 팠는데 매월 보름 전날이면 환한 달빛 아래 사자(獅子)처럼 생긴 산의 바위 하나가 연꽃 형상으로 연못에 비치곤 했다. 황제는 화공에게 그 산의 형상을 그리게 한 후 사신을 보내 천하를 다니며 그 산을 찾게 했다. 마침내 사신이 신라의 백월산(白月山)에 이르러 보니 사자암(獅子嵒)이 있고 산의 서남쪽에 봉우리가 셋이 있어 꽃처럼 보인다 하여 산 이름이 화산(花山)이며 그림과 매우 비슷했다. 그러나 확신을 할 수가 없어 사신은 신 한 짝을 사자암 꼭대기에 걸어놓고 돌아가서 황제에게 아뢰었다. 그런데 신발 그림자가 연못에 비치는 것이었다. 황제가 감탄하여 산 이름을 '흰 달빛이 비치는 산'이라는 뜻으로 백월산

(白月山)이라 지었더니 그 후로는 연못에 그림자가 나타나지 않았다.

바로 그 산의 동남쪽에 선전촌이라는 마을이 있었고 노힐부득과 달달박박이라는 두 젊은이가 살았다. 두 사람은 생김새가 뛰어났고 이 세상이 아닌 부처님 세상에 가고자 하는 뜻이 서로 같아 서로 친하게 지냈다. 마침내 스무 살이 되기 전 두 사람은 마을 동북쪽의 법적방(法積房)이라는 곳에 가서 머리를 깎고 중이 되었다.

그러다가 법종곡 계곡에 승도촌이라는 마을이 있고 그곳에 오래된 좋은 절이 있다는 이야기를 듣고 그곳으로 가서 머무르며 불도를 공부했다. 또한 가족들을 모두 데리고 와 농사를 지으며 사니 양식은 넉넉하고 가족과 함께 있어 행복하기만 했다.

그러나 두 친구의 마음은 부처님을 온전히 모시지 못하는 것 같아 불편했다. 어느 날 두 사람은 만나서 이야기를 나누었다.

"부처님의 가르침을 배우면 부처가 되고 도를 닦으면 도를 얻어야 마땅하네. 우리는 이미 중이 되었으니 속세와 인연을 끊고 더없이 높은 부처님의 도를 이루어야 하지 않겠는가."

다음날 두 사람은 똑같은 꿈을 꾸었다. 서쪽 하늘에서 흰 빛이 내리비치고 황금빛 팔이 내려와 이마를 만지는 꿈이었다. 틀림없이 부처님의 가르침이라고 믿은 두 사람은 가족들과 헤어져 백월산 무등곡으로 들어갔다.

달달박박은 북쪽 사자암에 판잣집을 짓고 아미타불을 외웠고, 부득은 동쪽 고개 아래 돌무더기로 집을 짓고 미륵불을 외웠다.

그렇게 3년이 지난 어느 해 4월, 저녁 무렵 한 여인이 달달박박의 판잣

집 문을 두드리며 노래하듯 말했다.

"나그네 길을 가는데 해가 저물어
갈 길은 먼데 사람의 집은 보이지 않네.
오늘 밤 이곳에서 머물고자 하니
자비로운 스님이여, 꾸짖지 마오."

그러나 달달박박은 한 마디로 거절했다.
"이곳은 깨끗해야 하는 곳, 여자가 가까이 할 곳이 아니다. 어서 다른
곳으로 가라."
할 수 없이 여인은 노힐부득의 돌 움막을 찾아갔다. 노힐부득은 이 어
두운 밤에 여인이 산길을 가는 데에는 무슨 사정이 있으리라 생각하고 물
었다.
"이 밤에 어디에서 오는 것이오?"
그러자 여인이 대답했다.

"산 속에 해가 저무니 가도가도 외로운 길
소나무 그늘 짙어지는데
시냇물 소리 더 크게 들리는구나.
잘 곳을 청하는 것은 길을 잃어서가 아니오
그대를 부처님께 인도하려 함이니
내가 누구인지 묻지 마시오."

이 말을 듣고 노힐부득은 고개를 끄덕였다.

"여기는 여자가 머무를 곳이 아니나 산은 험하고 날은 이미 저물었소. 중생에게 베푸는 것이 부처님의 자비이니 안으로 들어와 쉬시오."

부득은 움막 한 쪽에 여인이 쉴 곳을 마련해 주었다. 그리고 마음을 가다듬고 끝없이 염불을 외웠다. 그런데 밤이 깊어지자 여인이 부득을 불렀다.

"스님, 제가 아이를 낳을 것 같으니 짚자리를 마련해 주십시오."

부득이 불을 밝히고 보니 여인이 이미 아이를 낳은 뒤였다.

"스님, 몸이 너무 더러우니 목욕을 할 수 있게 도와주십시오."

부득은 부끄럽고 두려웠으나 여인이 불쌍해서 목욕통을 준비해 물을 데워 여인을 통 속에 앉히고 목욕을 시켰다.

그런데 신기한 일이 일어났다. 통 속의 물에 그윽한 향기가 피어오르고 물이 점점 황금빛으로 변하는 것이었다. 그때 여인이 노힐부득에게 말했다.

"스님은 옷을 벗고 이 물로 목욕을 하십시오."

노힐부득은 깜작 놀랐으나 여인의 말을 따라 목욕물에 몸을 담갔다. 그러자 갑자기 정신이 맑아지고 살갗이 황금빛으로 변했다. 문득 보니 목욕통 옆에 연꽃 모양의 방석이 놓여있었다. 여인이 그 자리를 가리키며 말했다.

"그대는 이 연화대(불상을 앉히는 대) 위에 앉으라. 나는 관세음보살이다. 그대가 부처님의 도를 이룰 수 있도록 와서 도운 것이다."

말을 마치자 여인은 사라졌다.

다음날 새벽, 달달박박은 어젯밤 부득이 여인의 유혹에 넘어갔을 것이라 생각하고 부득의 돌 움막을 찾아갔다. 하지만 달달박박은 황금빛으로 빛나는 미륵 부처님이 된 노힐부득을 보게 되었다. 달달박박은 엎드려 절을 올리고 어찌된 일인지 물었다.

노힐부득의 이야기를 들은 달달박박은 탄식하였다.

"관세음보살을 만났으나 내 마음에 그늘이 있어 알아보지 못하였고, 그대는 덕이 있어 부처가 되었구려. 옛날의 우정을 생각해서 기쁨을 함께 할 수 있도록 도와주구려."

노힐부득은 아직 통 속에 물이 남아 있으니 그 물에 목욕을 하라고 알려주었다.

그 물에 목욕을 하자 달달박박 또한 아미타 부처님이 되었다.

뒤에 이 사연을 들은 경덕왕이 백월산에 남사(南寺)를 지어 미륵불과 아미타불을 모셨다고 한다.

「삼국유사」 속에 이 이야기를 기록한 일연 스님은 여인의 모습으로 나타나 부처님에게 다음과 같은 시를 바쳤다.

"밤이 깊어 십 리 숲길을 헤매다가
승방에 찾아들어 스님을 시험 하였네
세 번의 목욕 끝나자 날이 새니
두 아들 낳아놓고 서쪽으로 가시는구나."

바다에 피리를 띄운 관음보살

백률사는 경북 경주시 능천리 소금강산에 있는 절로 신라 법흥왕 때에 이차돈의 순교를 기념하여 세운 절이다.

국보 28호 백률사 금동약사여래 입상이 있는 절로 유명하다. 그런데 이 백률사에는 관음상에 얽힌 또 다른 설화가 전해온다.

그 관음상은 중국의 어느 장인이 중국 중생사(衆生寺)의 관음상을 만들 때 함께 만든 불상으로 신통하다는 소문이 있엇다.

효소왕(孝昭王) 때에 국선예부랑(國仙禮夫郞)이 금란(金蘭)에서 놀다가 북쪽 경계에서 중국의 야만족에게 붙잡혀갔다. 같이 있던 다른 사람들은 모두 무서워서 도망쳤으나 안상(安常)이란 사람은 그들을 뒤쫓아갔다.

소식을 들은 왕은 크게 근심했다. 동해에서 신기한 피리를 얻은 뒤에는 이런 불길한 일이 없었기 때문이었다. 왕은 사람을 시켜 피리를 보관한 창고를 열게 했다. 그런데 피리는 물론 함께 둔 보물마저 감쪽같이 사라지고 없었다. 왕은 피리와 보물을 찾아오는 사람에게 큰 상을 내리겠다고 널리 알렸다.

예부랑의 아비는 아들을 잃고 백률사 관음불상 앞에 엎드려 날마다 빌었다.

"부디 제 아들이 무사히 돌아오게 해주십시오."

그런 어느 날, 예불을 드리고 일어나니 향불을 올려놓은 탁자 뒤에 피리와 보물이 놓여 있고 관음불상 뒤에 아들 예부랑이 서 있었다. 두 사람은 서로 얼싸안고 기쁨의 눈물을 흘렸다. 예부랑은 그 동안 있었던 일을 이야기했다.

그는 정체를 알 수 없는 무리들에게 끌려가 가축을 돌보는 일을 해야 했는데 하루는 웬 스님이 나타나 물었다.

"고향이 그립지 않은가?"

스님은 한 손에는 피리를, 다른 손에는 보물을 들고 있었다.

예부랑은 눈물을 흘리면서 대답했다.

"임금님과 부모님이 그리워서 견딜 수가 없습니다."

그러자 스님은 그를 데리고 바닷가로 갔는데 그곳에서 안상과 마주쳤다. 스님은 피리를 쪼개 두 사람에게 각각 한 쪽씩 타게 하고 자신은 비파를 타고 바다를 건너 백률사로 향했다.

효소왕은 크게 기뻐하며 피리와 보물을 거두어 창고에 잘 보관하고 국선예부랑과 그 아비에게 큰 상을 내렸다.

그 후 백률사의 법당 디딤돌에 발자국이 남았는데, 석가모니 부처께서 도리천(부처에서 있다고 말하는 여섯 하늘 중 두 번째 하늘)에 올라가셨다가 내려와 법당에 들어오시면서 밟은 자국이라고도 하고, 예부랑을 구하고 돌아오실 때 남긴 자국이라고도 한다.

서해를 뛰어넘은 관음보살

민장사(敏藏寺)는 경주에 있던 절로 각간(角干)벼슬을 한 민장이 자신의 집을 절로 만들었다.

신라 경주 우금리에 보개(寶開)라는 이름의 가난한 여인이 있었는데 장춘(長春)이란 착한 아들을 두었다. 그 아들이 배를 타고 바다 무역을 나갔는데 오랫동안 소식이 없었다. 여러 해를 기다려도 아들에게서 소식이 없자 보개는 날마다 눈물을 흘리며 슬퍼했다.

딱한 처지를 동정한 동네 사람들이 민장사의 관세음보살께 빌어보라 권유하자, 보개는 그 길로 민장사로 달려가 관음상 앞에서 7일 기도를 드렸다. 이레째 되는 날, 아들 장춘이 나타나 어머니를 불렀다. 장춘은 지난 일들을 말해 주었다.

배를 타고 나간 장춘은 큰 풍랑을 만나 배가 부서지는 바람에 겨우 살아서 판자 조각에 의지해 떠다니다가 중국 오(吳)나라 바닷가까지 밀려

갔다.

아무것도 가진 게 없었으므로 중국 사람의 집에서 머슴살이를 하게 된 장춘은 멀리 계신 불쌍한 어머니를 늘 그리워했으나 고국으로 돌아갈 방법을 찾을 수가 없었다. 그런데 하루는 스님이 나타나서 신라 말로 말을 건넸다. 장춘은 너무나 반갑고 서러운 나머지 스님을 붙잡고 하염없이 울었다.

스님은 장춘을 위로하며 말했다.

"고국에 데려다 줄 터이니 슬퍼하지 마시오."

그리고 장춘을 이끌고 길을 나섰는데 앞에 깊은 개천이 나타나자 눈을 감으라고 명령했다. 장춘이 눈을 감자 스님은 장춘을 겨드랑이에 끼고 그 개천을 훌쩍 뛰어넘었다.

눈을 감았던 장춘은 고향 사람들의 말소리와 울음소리가 들리는 것 같아 슬며시 눈을 떴는데 그곳이 바로 민장사 관음상 앞이었다.

그 스님은 민장사 관음보살이었고 뛰어넘었다는 개천은 서해바다가 분명했다.

이런 이야기를 들은 경덕왕은 민장사에 많은 논밭과 값진 물건을 내려 주었다고 한다.

딸을 아들로 바꾼 표훈선사

표훈선사(表訓禪師)는 의상대사의 10대 제자 중 한 스님이다.

경덕왕 10년(751년)에 김대성이 불국사와 석불사를 지은 후 스님은 그곳에 머물렀다. 「삼국유사」에는 다음과 같은 표훈선사와 경덕왕의 이야기가 남아 있다.

경덕왕은 왕비 삼모부인(三毛夫人)과의 사이에 자식을 낳지 못하자 왕비를 폐하여 사량부인(沙梁夫人)에 봉하고 다시 왕비를 맞아들였다. 새 왕비 만월부인(滿月夫人)은 각간 의충(依忠)의 딸이었다. 새 왕비와의 사이에서도 자식이 생기지 않자 경덕왕은 표훈선사를 불러 말했다.

"내가 복이 없어 아들이 없으니, 스님께서 상제에 청하시어 아들을 낳게 해 주시오."

표훈은 천제(天帝)를 만나고 와서 아뢰었다.

"천제께서 말씀하시기를 딸은 있으나 아들은 없다 하십니다."

경덕왕은 간곡하게 다시 청하였다.

"스님께서 딸을 바꿔 아들을 낳을 수 있게 해 주시오."

표훈이 다시 올라가 천제에게 청하니 천제가 말했다.

"소원이라면 그렇게 할 수 있으나 그리되면 나라가 위태로울 것이다."

그리고 다시 표훈에게 당부했다.

"하늘과 인간 사이를 어지럽히지 말라. 지금 그대가 땅과 하늘을 이웃처럼 왕래하며 천기를 누설하니 다시는 오지 말라."

표훈이 돌아와 천제의 뜻을 전하자 경덕왕은 고개를 끄덕였다.

"비록 나라가 위태로워지더라도 아들을 얻어 뒤를 잇기를 원하오."

그 후 만월부인이 왕자를 낳자 경덕왕은 무척 기뻐하였다. 왕자 나이 여덟 살 때 경덕왕이 죽자 뒤를 이어 왕위에 오르니 바로 혜공왕(惠恭王)이었다.

그러나 왕이 어려 만월부인이 대신 다스렸는데 나랏일을 제대로 살피지 못했다. 혜공왕이 즉위하면서부터 해괴한 일이 벌어졌다. 진주 땅에 지진이 생겨 땅이 갈라졌고, 그 후 머리가 항아리만 하고 꼬리가 세 척이나 되는 하늘의 개가 공중에서 떨어졌다.

즉위한지 3년째 되는 해에는 신하들이 서로 세력다툼을 하여 나라가 크게 어지러워졌다.

뿐만 아니라 여자로 태어날 운명이 남자로 태어나서인지 돌 때부터 왕위에 오른 여덟 살 때까지 항상 여자아이들이 하는 놀이를 즐겨하였으며 비단주머니를 차고 다녔고, 왕이 되어서도 놀기만 하였다.

이 설화는 오늘을 사는 우리에게도 많은 교훈을 준다.

무리를 해서 이룬 일은 그 성공이 결코 오래 갈 수 없고 결국 여러 부작용이 나타나 더 큰 불이익을 당할 수 있음을 알아야 한다.

오대산에 나타난 부처들

오대산(五臺山)의 원래 이름이 무엇인지는 알 수 없으나 중국의 오대산에서 이름을 따왔다고 한다.

신라 선덕여왕 때 자장스님은 불법을 공부하러 중국으로 유학을 갔다. 그 때 중국의 오대산에서 문수보살을 만나 말씀을 들었는데 뜻을 헤아릴 수가 없었다. 그러던 어느 날 스님 한 분이 찾아와 말했다.

"이 물건들은 원래가 석가모니 부처께서 쓰시던 도구이니 그대가 잘 간직하라. 그대의 고국 동북방 명주 경계에 오대산이 있는데 문수보살께서 항상 그곳에 거주하니 그대는 가서 불법에 힘쓰라."

그리고 스님은 사라졌는데 그 자리에 비단 승복 한 벌과 불발(佛鉢. 부처님께 올리는 밥을 담는 그릇) 하나와 부처님의 머리뼈가 남아 있었다.

그 후 자장이 귀국하여 오대산에 올라 문수보살 보기를 소원하였으나 사흘 동안 안개가 자욱하고 날씨가 흐려 보지 못하다가 나중에 원영사(元寧寺)에서 뵈었다고 한다. 뒤에 범일(梵日)의 제자인 신의(信義)가 이 산에 올라 자장이 살던 곳을 찾아 암자를 짓고 살았는데 신의가 죽은 후론

오랫동안 찾는 이가 없었다. 훗날 수다사(水多寺)의 유연(有緣)이 다시 절을 세우니 그것이 오늘날의 월정사(月精寺)이다.

신라 신문왕에게는 아들 보천(寶川)과 효명(孝明)이 있었다. 두 왕자는 일찍부터 불법을 흠모하여 함께 오대산으로 들어갔다. 두 왕자가 어느 산속에 이르니 갑자기 땅 위에 연꽃이 피어났다. 형 보천은 그곳에 암자를 지어 머물렀다. 효명은 동북쪽으로 다시 약 6백 걸음쯤 걸어갔는데 또 연꽃이 피어나므로 그곳에 암자를 지었다.

하루는 두 왕자가 산 위에 오르니 동쪽의 만월산에 1만 관음상, 남쪽의 기린산에 여덟 보살을 중심으로 1만 지장, 서쪽 장령산에 아미타불을 중심으로 1만 대세지(아미타불의 오른쪽에 있는 보살), 북쪽 상왕산에 석가여래 부처님을 중심으로 5백 나한(아라한의 준말. 수행자가 도달할 수 있는 최고의 경지에 오른 자), 가운데 풍로산에는 비로자나불(석가의 진신을 높여 부르는 말)을 중심으로 1만 문수가 나타나 있었다.

두 왕자는 그때부터 동네의 우물에서 물을 길어다가 차를 다려 공양하고 저녁에는 각각 암자로 돌아가 도를 닦았다. 그때 신문왕이 죽자 아우가 왕위에 오르려 했는데 백성들이 그를 몰아내고 장군 네 사람을 오대산으로 보내 두 왕자를 모셔오게 했다.

네 장군이 먼저 효명 왕자의 암자에 이르러 만세를 부르니 오색구름이 이레 동안 암자 주위를 덮었다. 사람들이 구름을 헤치고 두 왕자를 모셔가려 했으나 형 보천이 굳이 사양하므로 효명을 모셔와 왕으로 받들었다.

보천은 그대로 오대산에 남아서 불법에 정진했는데 도리천의 부처와 문수보살도 찾아와 그의 불법을 들었다고 한다.

영취사와 매 이야기

이 이야기를 하기에 앞서 불경에 자주 나오는 영취산에 대해 설명하려
한다.

영취산은 중인도 마갈타국 왕사성 부근에 있는 산으로 이 산에서 석가
모니 부처님이 설법을 하신 적이 있다고 한다. 또 이름이 영취산인 것은
그 산에 매가 많이 살기 때문이라고도 하고 산봉우리가 매처럼 생겼기 때
문이라고도 한다.

이 산의 이름을 딴 유명한 절들이 있는데, 이 이야기는 동래 영취사에
얽힌 이야기이다.

신라 제 31대 신문왕(神文王) 때의 재상 충원공(忠元公)이 동래의 온천
에서 목욕을 하고 서라벌로 돌아갈 때였다. 굴정의 동지라는 들에 이르러
잠깐 쉬는데 한 사람이 매를 놓아 꿩 사냥을 하고 있었다. 쫓기는 꿩이 산
을 넘어가자 쫓던 매도 산을 넘어가 돌아오지 않았다.

매 주인이 매의 목에 달린 방울소리를 따라가 보니 굴정현 관청의 북쪽 우물가에 매가 앉아 있고 그 우물 속에 꿩이 빠져 있었다. 우물물은 핏빛으로 변해 있는데, 그 속에 꿩이 두 날개를 벌려 새끼 두 마리를 안고 있었다.

충원공이 이것을 보고 그 땅에 대해 점을 치자 절을 세우기 좋은 땅이라는 점괘가 나왔다. 서라벌로 돌아온 충원공이 왕에게 그 이야기를 하자, 왕은 관청을 다른 곳으로 옮기고 그 자리에 절을 세우게 했다. 그것이 바로 동래 영취사(靈鷲寺)이다.

쌍계사의 탑

신라 시대의 어느 스님이 오랫동안 당나라에 머물러 있으면서 불교 유물들을 부러워하여 하나를 신라로 모셔오려고 했다.

그러나 아무리 궁리해도 자기 힘으로는 어쩔 수가 없으므로 돈으로 사람을 매수하여 마침내 6조(六祖) 혜능선사(惠能禪師)의 머리를 몰래 훔쳐 돌아왔다. 곧 탑을 세우고 예불을 드리니 그것이 곧 경남 하동군 화개면 운수리 지리산 기슭에 있는 쌍계사(雙溪寺)의 육조 정상탑(六祖頂相塔)이다.

이에 대한 더 자세한 이야기가 「경덕전등록(景德傳登錄. 줄여서 傳登錄이라함)」에 나온다.

「경덕전등록(傳登錄)」은 서기 1006년에 송나라 도원(道源)이 지은 책으로 과거 일곱 부처님부터 역대 선종(禪宗)의 큰스님들에 대해 기록한 책이다.

그 책의 기록에 따르면 육조께서 입적하실 때에 이런 말씀을 남기셨다.

"내가 죽고 얼마 후에 누군가 와서 내 머리를 가져갈 터이니 그리 알라"

제자들은 스님의 목 부분을 철책과 승복으로 감싼 후 조계산 탑 안에 안치하고 사람을 두어 지켰다.

그로부터 몇 년이 지난 어느 날 밤, 탑 속에서 철책을 끄는 소리가 들렸다. 스님들이 깜짝 놀라 달려가니 누가 어둠 속으로 달아났다. 스님들이 스승의 목을 살펴보니 상처의 흔적이 있어 곧 관가에 알렸고, 닷새 후에 석각촌(石角村)이라는 곳에서 장정만(張淨滿)이라는 사람을 잡았다. 그는 어느 신라승으로부터 돈을 받고 대사의 머리를 자르려고 했으나 성공하지 못했다고 자백했다.

위의 두 모순된 이야기를 놓고 볼 때에 6조 선사의 두골(頭骨)이 우리나라에 들어왔다는 것은 믿을 수 없는 일이라 하겠다.

우물을 솟구치게 한 대현스님

대현법사(大賢法師)는 신라 경덕왕 때의 스님으로 한국 유가종(瑜伽宗)의 시조이기도 하다. 호를 청구사문(靑丘沙門)이라 했으며 경주 남산 용장사(茸長寺)에 있었다.

이 용장사에 거대한 돌미륵불이 있었는데 대현스님이 염불을 하면서 미륵불을 돌면 미륵불도 스님의 움직임을 따라 얼굴을 돌렸다고 한다.

경덕왕 때의 어느 해, 가뭄이 몹시 심해서 경덕왕이 대현을 불러 경을 외워 비를 내리게 해달라고 청했다. 하루는 예불 시간이 되었으나 궁 안의 샘물까지 모두 말라 스님에게 공양을 올릴 수가 없었다. 관리가 야단을 치자 하인이 대답했다.

"궁의 샘물이 말라버려 멀리에서 샘물을 길어오느라 그렇습니다."

스님이 옆에서 그 소리를 듣고 말했다.

"왜 진작 말하지 않았느냐."

오후 공양 때 스님은 향을 피우고 묵묵히 우물 옆에 앉았다. 그러자 갑자기 우물물이 허공 높이 치솟았다.

바다를 기울인 법해스님

법해(法海)스님은 신라 경덕왕 때의 스님으로 신통력이 뛰어났다고 한다. 스님에 대해서는 황룡사에서 있었던 일이 전해 온다.

대현스님이 궁궐의 샘물을 허공으로 치솟게 했던 다음 해의 일이다.

경덕왕이 법해스님을 청해 황룡사에서 화엄경을 들은 후에 이야기를 나누다가 지난 해 대현스님이 보인 신통력에 대해서 말했다. 그러자 법해스님은 빙그레 웃었다.

"그건 아주 작은 일이옵니다. 동쪽 바다를 기울여 바닷가를 물에 잠기게 하고 서라벌을 떠내려가게 하는 것인들 어렵겠습니까."

법해의 엉뚱한 말에 경덕왕은 그저 해보는 소리러니 생각했다.

그런데 낮 무렵 법 스님이 향로를 들고 무엇인가 외우기 시작했는데, 얼마 후 한 신하가 달려와 소리쳤다.

"갑자기 동쪽 연못이 넘치더니 순식간에 궁궐 건물 몇 개가 떠내려갔습니다."

왕이 깜짝 놀라 어쩔 줄 몰라 하자 법해스님은 태연히 말했다.

“동쪽 바다가 기울어지니 물줄기가 흘러넘치는 것일 뿐입니다.”

다음날 감은사에서 이런 보고가 들어왔다.

“어제 낮에 동쪽 바닷물이 흘러넘쳐 감은사 법당 계단이 물에 잠겼습니다.”

진정스님의 효도

신라의 진정(眞定)스님은 의상대사의 10대 제자 중 한 사람이다

승려가 되기 전 병사였던 그는 집이 너무 가난해서 장가도 가지 못했다. 하지만 병사의 일이 끝나면 따로 또 품팔이를 해서 홀어머니를 모셨다. 하지만 살림은 나아지지 않아서 재산이라고는 다리가 부러진 솥 하나가 전부였다.

하루는 어느 스님이 와서 절을 지을 시주를 부탁했다. 홀어머니는 달리 시주할 것이 없어서 그 솥을 스님에게 주었다. 얼마 후 아들이 집에 돌아오자 어머니는 조심스럽게 솥을 시주했다고 말했다. 그러나 아들은 오히려 기뻐했다.

"어머니, 부처님을 위한 시주이니 얼마나 좋습니까? 솥이 없어도 저는 상관없습니다."

그때부터 아들은 질그릇을 솥 삼아 음식을 익혀 어머니를 모셨다.

그런 어느 날 의상대사가 태백산에서 불법을 강설한다는 말을 듣고 어머니께 여쭈었다.

"의상대사께서 태백산에 머무르신다 하니 저는 효를 다한 후(부모가 돌아가신 후를 말함) 대사를 찾아가 출가할까 하옵니다."

그러자 어머니가 이렇게 말했다.

"불법은 만나기 어렵고 인생은 빠르게 흐르니, 효를 다한 다음에는 늦지 않겠느냐? 내가 살아 있을 때 네가 승려가 된다면 더 이상 기쁜 일이 없다. 주저하지 말고 어서 가거라."

진정이 말했다.

"늙으신 어머님을 홀로 두고 제가 어찌 출가할 수 있겠습니까?"

어머니는 고개를 저었다.

"나 때문에 네가 출가하지 못한다면 오히려 나를 지옥에 빠뜨리는 것과 같다. 맛있는 음식과 따뜻한 잠자리를 주는 것만이 효도이겠느냐. 나 혼자 문전걸식을 하더라도 내 수명은 다할 것이니 진정 효도를 하려거든 어서 출가하여라."

어머니가 집안에 있는 곡식 자루를 열어보니 쌀이 7홉 들어 있었다. 어머니는 그 쌀로 밥을 지어 놓고 말했다.

"밥을 지어먹으면서 길을 가면 늦을 터이니 내 앞에서 한 홉 밥을 먹고 나머지는 싸가지고 떠나거라."

진정은 어머니를 두고 가는 것도 불효인데 며칠 먹을 양식을 어찌 가져갈 수 있겠느냐고 받으려 하지 않았다. 그러나 어머니의 뜻이 워낙 강하므로 결국 진정은 집을 떠나 사흘 만에 의상대사가 있는 곳에 도착했다.

그로부터 3년 후, 어머니가 돌아가시자 진정은 가부좌를 하고 일주일 동안 꼼짝 않고 참선하였다. 사람들은 진정 스님이 슬픔이 너무 커서 선정으로 괴로움을 잊으려 한다고 말했다.

진정의 참선이 끝난 후 의상대사는 소백산에 들어가 초가를 짓고 수천 명 앞에서 「화엄경」의 뜻을 설명하였다.

그 다음날 진정의 꿈에 어머니가 나타나 미소 지으며 말했다.

"내가 이미 천상에서 다시 태어났으니 스님은 슬퍼 마십시오."

진정스님은 신라 시대 큰 스님이지만 스님을 그렇게 만든 사람이 누구인가는 곰곰이 생각해 볼 일이다. 하나 뿐인 아들과 인연을 끊는 것이 어찌 쉬웠겠는가. 그러나 그 어머니는 아들을 위해 기꺼이 자신을 희생했던 것이다.

지리산 동쪽에 있는 단속사(斷俗寺)에 진정스님의 비가 남아 있다.

포천산의 다섯 스님

옛 신라 삽량주(歃良州. 지금의 양산) 동북쪽에 포천산(布川山)이 있는데 그곳에는 기이한 석굴이 있었다. 그 석굴 모습이 어찌나 기이하였던지 사람이 일부러 만들어놓은 것처럼 보였다.

신라 경덕왕 때에 다섯 비구(比丘. 스님이라는 뜻)가 그 산에 있었다. 그들은 아미다경을 염불하면서 부처님의 나라에 갈 수 있기를 기원하였다.

그렇게 수십 년이 흐르자 서쪽에서 천인(天人)들이 모습을 나타냈다.

다섯 스님은 천인들이 가져온 연화대에 올라타고 서쪽으로 날아가다가 통도사(通度寺) 위에서 잠깐 머물렀다. 통도사의 스님들이 몰려 나와 그들 앞에 합장을 하였다.

다섯 스님은 통도사의 스님들에게 인생의 무상함과 덧없음을 일깨우더니 육신을 벗어버리고 눈부신 빛에 싸여 서쪽으로 날아갔다.

그들이 사라진 후 통도사 스님들이 다섯 스님의 육신을 거두고 그곳에 자그마한 절을 세웠다.

Chapter 4

절의 창건에 얽힌 이야기

장의사의 두 화랑

신라 태종무열왕(太宗武烈王)때에 창건되었다는 이 장의사(莊義寺. 壯義寺 또는 庄義寺라고도 씀)에는 장춘랑(長春郎)과 파랑(罷郎)이라는 두 충신에 얽힌 이야기가 있다.

장춘랑과 파랑은 신라의 화랑으로 신라의 삼국통일전쟁에 참가했다. 하지만 백제와 벌어진 황산벌 전투에서 둘 다 전사했다. 그런데 전투에서 승리한 신라군이 소부리로 향할 때에 무열왕의 꿈에 두 군사가 나타났다.

"임금님, 신들은 비록 죽었으나 나랏일을 잊지 못하여 군사가 행군할 때마다 따라다니며 힘을 보태 왔습니다. 그러나 당나라 군사가 온 뒤로는 당나라 장군 소정방의 위엄에 눌려 마음 놓고 따라다니지를 못합니다. 이런 분할 데가 어디 있습니까. 신들을 불쌍히 여기시어 조그만 은혜를 베푸신다면 신라를 위해 무엇을 못하리까."

무열왕은 놀라 꿈에서 깨어났다. 곧 두 사람을 위하여 모산정(牟山亭)

에서 하루 동안 예불을 올리게 하고 그곳에 장의사(壯義寺)라는 절을 세
워 명복을 빌었다. 그 자리가 서울 창의문 밖, 지금의 세검정 초등학교 자
리이다.

용궁에서 설법한 현광법사

현광법사(玄光法師)는 신라 진흥왕 때의 스님으로 웅주(熊州. 지금의 공주) 사람이다. 어려서부터 무척 총명하였으며 행실이 바르고 생각이 깊었다.

뒤에 중국 진(陣)나라에 들어가 형산(衡山)의 혜사(蕙思)에게서 배웠는데 혜사스님은 현광의 지혜를 알아보고 「법화안락행품(法華安樂行品)」을 전해주었다고 한다.

스님이 법화삼매를 깨우치자 혜사는 이렇게 당부했다.

"그대의 깨우침을 대중에게 널리 알리고, 본국에 돌아가 뜻을 펴도록 하라."

현장이 배를 타고 신라로 돌아오는데 바다에 구름이 일어나 해를 가리고, 향기로운 냄새가 사방에 가득하더니 배 위로 무지개가 드리우고 천인들의 목소리가 들려왔다.

“천제께서 해동의 선사를 부르신다.”

법사는 천인들의 안내를 받아 용궁으로 들어갔다.

용궁에는 많은 천신들이 기다리고 있다가 스님을 맞으며 말했다.

“오늘 천제께서 용궁에 오신다 하므로 스님을 청해 깨달으신 법문을 듣고자 합니다.”

현광스님은 그들의 청대로 이레 동안 법문을 편 후 다시 바다 위로 돌아왔다. 스님이 타고 왔던 배는 바다 위에서 스님을 기다리고 있었다. 뱃사람들이 그를 맞이했는데 용궁에선 이레였으나, 세상 시간으로는 겨우 한 나절밖에 지나지 않았음을 알고 놀랐다.

고향 웅주로 간 스님은 그곳에 절을 짓고 대중을 깨우치는 데 힘썼다고 한다. 이상한 것은 스님이 나이 든 후의 행적이 알려지지 않은 것이다. 현광스님의 스승인 혜사는 중국 천태종의 2조(祖)로 「법화경(法華經)」에 통달했던 남북시대의 고승이다.

칠불암의 아짜방

칠불암(七佛庵)은 경남 하동군 화개면 범왕리에 위치해 있으며 지리산 쌍계사에 속해 있는 작은 암자이다.

창건 시기는 정확하지 않으나 칠불암으로 불리게 된 것은 가락국 김수로왕의 일곱 왕자가 이곳에서 성불을 했기 때문이라고 한다.

이 칠불암의 건물 가운데 유명한 것이 세계건축사전에도 기록된 아짜방(亞字房)이라는 온돌방 선원이다 본래 이름은 벽안당으로 신라 효공왕 때 구들도사로 불리던 담공 스님이 구들을 놓으면서 버금 '아亞'자 모양으로 놓아서 '아짜방'으로 불렀다고 한다. 이 온돌방에 불을 때면 49일 동안 따뜻했다고 한다. 그러나 지금은 건물이 남아 있지 않고 그 터만 남아 있다.

소가 누운 자리, 미황사

미황사(美黃寺)는 전남 해남군 달마산에 있는 오래 된 절이다. 이 절의 이름이 미황사가 된 데에는 다음과 같은 설화가 전해 온다.

신라 성덕왕(聖德王) 때이다. 어느 날 달마산 밑 포구에 돌로 만든 배 한 척이 들어왔는데 배에서 신기한 음악소리가 들려왔다. 어부들이 가까이 가서 보려하자 배는 바다로 다시 나가버렸다.

소문을 들은 한 노스님이 제자들과 신도들을 거느리고 지성으로 예불을 드렸다. 그러자 돌 배가 다시 포구로 다가왔다.

배에는 비단 돛이 달려 있고 황금 옷을 입은 사람이 노를 젓고 있었다. 노스님 일행이 배에 오르자 그 사람이 철 상자 하나를 주었다. 그 철 상자 안에는 불상과 화엄경이 들어 있었다.

노스님과 신도들은 경전과 불상을 들고 배에서 내려 어디에 모실 것인지 의논하기 시작했다. 그때 갑자기 옆에 있던 검은 돌이 쪼개지며 검은

소 한 마리가 걸어 나왔다. 돌에서 나온 소는 점점 커져서 아주 큰 소가 되었다. 모두들 신기하고 이상하게 생각했지만 그 소가 나온 뜻을 알지 못했다.

그날 밤 노스님의 꿈에 배에서 본 황금 옷을 입은 사람이 나타났다.

"나는 본래 간각국(干閣國)의 왕으로 부처님과 경전을 모실 곳을 찾아 두루 다니다가 이곳에 이르렀다. 멀리에서 달마산을 바라보니 산꼭대기에 부처님의 기운이 넘치므로 배를 댄 것이다. 그대는 검은 소에 불상과 경전을 싣고 가다가 검은 소가 누워서 일어나지 않는 곳에 부처님을 모시라."

다음날, 노스님은 꿈에서 일러준 대로 검은 소의 등에 불상과 경전을 실었다. 그러자 소는 앞장서서 걷기 시작했다. 소를 따라 얼마쯤 가자 소가 한 장소에 누워서 주위를 둘러보더니 다시 일어나 걸었다. 얼마를 더 가니 달마산의 햇빛 환하게 비치는 기슭이 나타났다. 검은 소는 고개를 들어 주위를 살펴보더니 큰 소리로 음매 울고 쓰러져 죽었다.

노스님은 처음 소가 누웠던 자리에 작은 암자를 세우고, 소가 숨진 자리에 절을 세워 이름을 미황사라 지었다. 미(美. 중국음은 매)는 소가 '음매' 운 소리를, 황(黃)은 황금 옷을 뜻한다고 한다.

염불스님

신라 서라벌 남산 동쪽 기슭에 피리사(避里寺)라는 절이 있었다. 이 절에는 항상 아미타불을 염불하시는 스님이 계셨는데 소리가 얼마나 낭랑하고 듣기 좋은지 서라벌 거리 어디에서나 스님의 염불 소리를 들을 수 있을 정도였다.

더구나 그 염불 소리를 따라 하다보면 괴로운 마음이 눈 녹듯 풀려 많은 사람들이 스님을 존경하고 따랐다고 한다. 그 스님의 이름은 지금 전해지지 않고 다만 '염불스님'이라는 뜻으로 염불사(念佛寺)라고 불렀다고 하며 열반한 후에 사람들이 스님의 형상을 만들어 민장사(敏藏寺)에 모셨다고 한다. 또한 피리사도 염불사(念佛寺)로 부르게 되었다고 한다.

몸을 버려 불법을 구한 진표율사

진표율사(眞表律師)는 전북 벽골군(碧骨郡. 지금의 김제군) 대정리(大井里) 사람이다. 그런데 진표 스님이 출가하게 된 데에는 다음과 같은 계기가 있었다.

어느 날 마을 밭 옆에서 쉬던 진표는 개구리가 많은 것을 보고 개구리들을 잡아 버드나무 가지에 꿰었다. 그리고 나중에 가져가려고 물속에 담가 두었는데 깜박 잊고 개구리를 둔 채 집으로 돌아갔다. 이듬해 봄, 다시 그 밭 옆을 지나가던 진표는 개구리 울음소리를 듣고 물속을 들여다보았다. 물속에는 수십 마리의 개구리가 버드나무 가지에 꿰인채 울고 있었다. 지난 해에 꿰인 개구리가 그때까지 살아 있는 것이었다. 진표는 잘못을 뉘우치고 개구리들을 풀어주었지만, 그때 이후 살고 죽는 것과 생명에 대해 깊이 생각하게 되었다.

마침내 열두 살에 출가하여 금산사 숭제(崇濟)스님의 제자가 되었는

데, 숭제 스님은 그에게 이런 말을 당부했다.

"미륵부처님의 도법을 깨우쳐 미륵불의 계를 받아라."

그리고 그에게 「공양차제법(供養次第秘法)」과 「점찰선악업보경(占察善惡業報經)」을 주었다.

그 후 진표율사는 전국의 명산과 이름 높은 절을 다니며 수행하다가 27세에 쌀 두 가마를 쪄서 말린 식량을 갖고 전라북도 부안에 있는 선계산 부사의방(不思意方)에 들어갔다. 하루에 5홉의 쌀로 지내며 그 중 1홉은 쥐에게 먹이면서 미륵불 앞에 엎드려 날마다 부처님을 뵙기를 비었다. 그러나 3년이 지나도 수기(受記. 하늘에서 주는 계시)를 받지 못하자 좌절하여 결심했다.

"나는 부처님의 세상을 보지 못하는구나. 이럴 바에야 차라리 죽느니만 못하다."

그는 까마득한 절벽 아래로 뛰어내렸다. 그때 푸른 옷을 입은 동자가 나타나 진표 율사의 몸을 받아서 바위 위에 올려놓았다.

용기를 얻은 율사는 27일을 예정하고 망신참법(亡身懺法)으로 수행하니 사흘 만에 팔다리의 살점이 떨어져나가고 온몸이 피투성이가 되었다. 그러나 율사는 몸을 잊고 수행을 멈추지 않았다. 그러자 이레째 되는 날 밤 지장보살이 황금지팡이를 들고 나타나 율사를 어루만져주니 율사의 몸이 깨끗이 나았다.

마침내 27일이 되는 날, 하늘에서 미륵보살과 지장보살이 내려와 율사의 이마를 어루만지며 말했다.

"장하구나, 대장부여. 불법을 깨우치기 위해 이렇게 목숨도 아끼지 않고 정진하다니."

다시 지장보살은 계본(戒本. 스님이 지켜야 하는 계율을 적은 것)을 주고, 미륵보살은 글자가 새겨진 나무 조각 두 개를 주며 말했다.

"이 나무 조각은 내 손가락의 뼈로 만든 것이니, 너는 이것으로써 법을 세상에 전하고 중생을 구제하라. 그러면 네가 육신을 버리고 대국왕(大國王)의 몸을 받아 도솔천(우주를 통치하는 미륵보살이 계시는 하늘)에 태어나게 될 것이다."

그리고 다시 하늘로 올라갔다.

그 뒤 진표 율사는 5년 동안 정진을 계속했는데 범 두 마리가 항상 좌우를 따르며 지켰다.

어느 날 율사가 범에게 말했다.

"어디 수도하기에 적당한 곳이 있거든 나를 인도하라"

범이 앞서서 30리쯤 가더니 어느 산성에 웅크리고 앉았다. 율사가 돌지팡이를 나뭇가지에 걸어놓고 풀 위에 앉으니 금세 사방에서 신도들이 모여들었다고 한다.

그 자리가 김제군 모악산의 금산사(金山寺)라는 말이 전해 오는데, 율사가 절을 다 짓자 미륵보살이 구름을 타고 내려와 계법(석가모니가 마련한 율법)을 주었다. 진표 율사는 미륵보살을 기념하기 위해 미륵상을 만들고 법당 남쪽 벽에 미륵보살의 모습을 그리게 했다.

율사가 금산사를 떠나 속리산으로 갈 때였다. 수레를 끌고 가던 소들이 모두 꿇어앉아 울었다. 수레를 타고 가던 사람이 율사에게 이유를 물었다.

"나는 미륵과 지장 두 부처님으로부터 계법을 받은 금산사의 진표요. 저 소들은 나를 알아보고 불법을 공경하여 저렇게 우는 것이오."

율사의 말을 듣고 그 사람은 크게 감동하여 말했다.

"스님의 말씀을 듣고 보니 참으로 놀랍습니다. 짐승들도 불법을 저렇게 귀하게 여기는데 하물며 사람으로 태어나서 믿음이 없어서야 되겠습니까."

그리고는 그 자리에서 낫으로 자신의 머리칼을 자르고 출가했다.

훗날 진표율사는 속리산으로 들어가 길상사(吉祥寺)라는 암자를 세우고 머무르다 큰 바위에 단정히 앉아 열반하였다. 제자들은 율사의 몸을 그대로 두고 공양을 올리다가 유해가 흩어진 뒤에야 장사를 지냈다. 그러자 몇 년 후 그 무덤 위에 소나무가 났다가 오래 되어 말라죽고 그 뒤에 다시 한 뿌리에서 두 나무가 자라 오랫동안 푸르게 서 있었다고 한다.

굴불사가 세워진 이야기

경덕왕이 법흥왕 때 이차돈의 순교를 기념하여 지은 백률사로 갔을 때이다.

어느 산 아래에 이르자 뜻밖에 땅 속에서 염불 소리가 들렸다. 그곳을 파보니 커다란 바위가 나왔는데, 바위의 4면에 불상이 조각되어 있었다.

왕은 그 자리에 절을 짓게 하고 이름을 굴불사(掘佛寺)라 하였다. 뒤에 이름이 잘못 전하여 굴석사(掘石寺)라고도 불리운다.

그때 땅에서 파낸 4면석불은 지금까지 남아 있어 보물 121호로 지정되었다.

하늘이 내린 솜씨, 만불산

당나라 황제가 부처님을 숭상한다는 말을 들은 신라의 경덕왕은 만불산(萬佛山)을 만들게 해서 황제에게 선물했다.

경덕왕의 선물을 받은 당나라 황제는 그 뛰어난 손재주에 감탄하여 이렇게 말했다고 한다.

"신라의 솜씨는 하늘의 재주이다. 결코 사람의 솜씨가 아니다."

황제는 그 만불산을 궁궐 안에 모셔두고 부처님 오신 날에 승려들을 불러들여 예불을 올리게 했다. 뿐만 아니라 삼장 법사인 불공 스님을 불러 그 앞에서 경을 읽게 하였다.

기록에 남아 있는 만불산의 모습은 이렇다.

산의 높이는 10여 자이며 기암괴석과 계곡이 새겨져 있는데 그 안에 사람들이 노래하고 춤추는 모습과 산천의 형상이 실물처럼 나타나 있어 바람이 불면 벌과 나비가 모여들고 새들이 넘나들었다.

바로 그 산에 1만 부처를 모셨는데 그 작은 형상 속에 이목구비를 또렷이 새겨서 실제로 산 듯 보였다. 그 밖에 누각과 절이 있었는데 절 주위에는 스님 1천여 명이 각자 다른 모습으로 세워져 있었다고 한다.

김대성과 불국사

김대성(金大城)과 불국사(佛國寺) · 석굴암에 대한 얘기를 쓰면서 필자는 이집트의 피라미드를 떠올렸다. 불국사나 석굴암, 피라미드는 모두 인류의 값진 문화유산이다. 그러나 그 안에 들어 있는 뜻은 매우 다르다. 불국사와 석굴암은 인류의 구원이라는 대승적(大乘的)인 의미가 있지만, 피라미드는 왕과 왕족의 영생을 꿈꾸는 소승적(小乘的) 의미만 담겨 있을 뿐이다.

불국사 창건에는 다음과 같은 기록이 전해온다.

신라 경덕왕 때에 서라벌 모량리(牟梁里)에 사는 경조(慶祖)라는 여인에게 아들이 하나 있었다. 아이의 머리가 유난히 크고 이마가 평평하여 마치 성(城)처럼 생겼다하여 이름을 대성(大城)이라고 지었다.

대성은 집이 너무 가난하여 이웃에 사는 부자 복안(福安)이라는 사람의 집에 가서 머슴살이를 복안이 떼어준 자그마한 밭에 농사를 지어 먹고

살았다.

어느 날, 점개(漸開)라는 유명한 스님이 흥륜사(興輪寺)에서 법회를 열기 위해 복안의 집에 와서 시주를 권했다. 복안이 베 50필을 시주하자 점개 스님이 합장하며 말했다.

"보시(자비심으로 재물이나 불법을 베풂)하기를 좋아하시니 천신이 항상 돌보시어 하나를 보시하면 일만 배로 돌아올 것입니다."

이 말을 들은 어린 대성은 자기 집으로 달려가서 어머니를 졸랐다.

"어머니, 어느 스님이 말씀하시기를 하나를 보시하면 일만 배를 얻는다고 합니다. 우리가 지금 이렇게 가난한 것은 전생에 베풀지 않았기 때문입니다. 복안 어른으로부터 얻은 밭을 시주하여 훗날에 복을 받음이 어떻겠습니까?"

그러자 어머니도 흔쾌히 그 밭을 시주하였다.

그로부터 얼마 후 대성이 죽었다. 대성이 죽던 날 밤, 재상 김문량(金文亮)의 집에 하늘의 목소리가 울려 퍼졌다.

"모량리에 살던 대성이라는 아이가 이제 너의 집에서 다시 태어날 것이다."

깜짝 놀란 김문량이 모량리로 사람을 보내 알아보니 정말 대성이라는 아이가 죽었는데 죽은 시각이 하늘에서 목소리가 들리던 때의 시각과 똑같았다.

그날 이후, 김문량의 부인이 아이를 갖게 되었다. 열 달 후 부인이 아들을 낳았는데, 아이가 왼손을 꼭 쥐고 펴지 않았다. 일주일이 지나자 아이 스스로 손을 폈는데 작은 황금 조각이 들려 있었다. 그리고 황금 조각에는 '대성'이라는 이름이 새겨져 있었다.

김문량은 아이의 이름을 대성이라고 짓고 모량리에서 대성의 어머니를 모셔와 함께 지냈다. 그렇게 대성은 전생의 어머니와 현생의 부모를 함께 모시고 살게 되었다.

세월이 흘러 청년이 된 대성은 사냥을 무척 좋아했다. 어느 날 토함산에서 큰 곰 한 마리를 잡았다. 그런데 그날 밤 꿈에 낮에 잡은 곰이 나타나 호통을 쳤다.

"내가 너를 해친 적이 없는데 나를 죽인 까닭이 무엇이냐? 다시 살아나 꼭 너를 물어죽이겠다."

대성이 두려워하며 용서를 빌자 곰은 나를 위해 절을 지어주겠느냐고 물었다.

대성이 맹세하고 꿈을 깼는데 식은땀이 흘러 옷이 온통 젖어 있었다.

그 후 대성은 사냥을 그만두고 곰을 잡았던 자리에 장수사(長壽寺)라는 절을 지었다.

또 부모에 대해 깊이 생각하게 되어 현생의 부모님을 위해서 불국사를 세웠다. 또 전생의 부모를 위하여 석불사(石佛寺. 현재의 석굴암)를 세워 신림(神琳)과 표훈(表訓) 두 스님을 청해 머무르게 했다.

특히 석굴암을 만들 때에는 이런 일이 있었다고 한다.

대성이 사람을 시켜 석불을 조각할 때였다. 큰 돌 하나를 다듬어 불상을 만들고 이어서 불상을 모시는 덮개를 만드는데 갑자기 돌이 세 조각으로 갈라졌다. 대성이 놀라고 안타까워 모든 정성을 쏟았지만 석불을 완성할 수가 없었다. 그날 밤, 대성이 깜빡 잠이 든 사이 천신이 내려와 석불을 다 만들어 놓고 올라갔다.

대성은 잠에서 깨자 천신이 사라진 남쪽 고개로 달려가 천신이 사라진 자리에 향나무를 태워 공양하였다. 그때부터 그 고개를 향을 피운 고개라 하여 '향령' 이라고 부르게 되었다 한다.

손순과 돌 종

신라 경덕왕 때에 서라벌 모량리에 손순(孫順)이라는 사람이 살았다. 그는 아내와 함께 남의 집 품팔이를 해서 늙은 어머니를 봉양했다.

집이 가난하여 끼니때에는 어머니에게만 밥을 지어드리고, 다른 식구들은 죽으로 간신히 배고픔을 달래곤 했다. 손순에겐 어린 아들이 있었는데, 끼니때마다 할머니의 밥상 앞에 다가앉아 할머니의 밥을 가로채 먹었다. 그런 일이 계속되자 손순은 어머니께 죄송스러워 고민하다가 부인에게 말했다.

"여보, 아이는 다시 낳을 수 있지만 어머님은 돌아가시면 다시는 뵐 수가 없소. 아이가 늘 어머니의 밥을 빼앗아 먹으니 어머님 뵙기가 민망하기 짝이 없구려. 어머니를 위하여 아이를 땅에 몰래 묻어버립시다."

부인은 놀라고 슬퍼하였지만 결국 남편의 뜻을 따르기로 했다.

밤이 되자 부부는 아들을 업고 깊은 산 속으로 들어갔다. 비록 결정은 했지만 아들이 가여워 눈물을 흘리면서 땅을 팠다. 그런데 얼마를 파니 땅 소리가 났다. 더 파헤쳐보니 돌종이 묻혀 있었다. 손순은 돌종을 꺼내 근처 나무에 매달고 쳐보니, 표현할 수 없이 맑고 신비로운 종소리가 울려 퍼졌다.

손순의 부인은 기뻐하며 말했다.

"아이를 묻으려다 이처럼 귀한 물건을 얻었으니 이것은 하늘의 뜻입니다. 아이를 묻어서는 안 됩니다."

부부는 돌 종을 등에 지고, 또 아이를 업고 다시 집으로 돌아왔다. 그리고 돌 종을 대들보에 매달아 두고 틈틈이 쳤다. 마침내 종소리는 궁궐에까지 울려 퍼졌고, 왕은 신비한 종소리가 어디에서 나는지 알아오라고 명령했다.

신하들이 종소리를 따라가 사연을 알아낸 뒤 왕에게 아뢰자, 왕이 감동하여 말했다.

"옛날 한(漢)나라의 곽거(郭巨)가 어머니의 음식을 빼앗아 먹는 아들을 묻으려 할 때 하늘이 금솥을 내리셨다고 한다. 지금 손순이 아들을 묻으려다 돌 종을 얻었으니 효성이 하늘을 닿은 것이다. 손순에게 집 한 채를 주고 해마다 벼 50석씩을 내려 늙은 어머니를 편히 모시게 하라."

손순은 자신이 살던 집을 내놓아 절을 세우고 이름을 홍효사(弘孝寺)라 지은 후 돌 종을 절에 소중히 모셨다. 그 후 진성 여왕 때에 농민 봉기와 백제 부흥군의 약탈을 겪으며 돌 종은 사라졌다고 한다.

에밀레종

봉덕사(奉德寺) 종의 본래 이름은 성덕대왕신종(聖德大王神鍾)이다. 에밀레종이라고도 부르는 이 종은 신라 효성왕(孝成王)이 부왕인 성덕대왕(聖德大王)을 위하여 만든 절에 모신 종이다. 그 종에 에밀레종이라는 별칭이 붙게 된 것은 종소리의 여운이 '에밀레' 같고 그 뜻은 '에밀레라' 즉 '에미 탓으로'와 같기 때문이라고 한다. 경덕왕이 종을 만들 때 성금을 모으기 위해 전국에 시주승을 보냈는데, 한 부인이 어린애를 안고 스님을 놀렸다.

"우리 집에 시주할 것이라고는 이 아이밖에 없어요."

그런데 종이 쉽게 만들어지지 않고 자꾸 실패하자 점을 쳐보니 부정을 타서 희생을 바쳐야 종이 완성되리라는 점괘가 나왔다. 그래서 그 부인의 아이를 종을 만들 때 함께 넣었더니 비로소 종이 완성되었는데 그 뒤 종을 칠 때마다 종에서 '에밀레, 에밀레' 라는 소리가 나왔다고 한다. 그러나 진짜로 아이를 희생해서 종을 만들었는지에 대해서는 견해들이 엇갈리고 있다.

일연은 「삼국유사」에 봉덕사 종을 다음과 같이 기록하였다.

"신라 제 35대 경덕왕이 서기 754년에 종을 주조하니 길이는 1장(丈) 3촌(寸), 두께 9촌(寸), 무게 49만 7천 5백 81근(斤)이었다. 시주는 효정이왕(孝貞伊王) 삼모(三毛)부인이며, 종을 만든 사람은 이상댁(里上宅)의 노비였다. 왕이 황동 12만 근을 희사하여 성덕왕을 위하여 커다란 종을 주조하다가 이루지 못하고 돌아가니 그 아들 혜공왕이 종을 완성하여 봉덕사에 안치하였다. 봉덕사는 효성왕이 그 아버지 성덕대왕의 복을 빌기 위하여 세운 절이다. 그러므로 종의 이름을 성덕대왕신종이라 하였다"

다시 풀이하면, 높이 3.7미터, 둘레 7미터, 무게 22톤 가량의 거대한 종이 이 종이다.

그러나 봉덕사가 물난리를 입어 허물어지자 잠시 영묘사에 옮겼다가 다시 서라벌 남문 밖 봉황대 아래에 종각을 짓고 종을 옮겨 왔다. 그러다 1915년 옛 경주 박물관 자리로 다시 옮겨졌다가 1975년 현재의 경주 박물관 자리로 모셔졌다. 국보 29호이며 종에 새긴 아름다운 비천상이 세련미와 정교한 형식미로 유명하다.

법보 사찰 해인사

해인사(海印寺)는 경남 합천군 가야면에 있는 가야산(우두산으로 불렸다고 함)에 위치한 법보(法寶. 불교에서 말하는 세 가지 보물의 하나. 부처, 경전, 중을 말함) 사찰이다. 이 산의 산신(山神)은 정견모주(正見母主)라는 이름의 여신으로 천신(天神)과 감응하여 두 아들을 낳았는데 그 중의 한 아들이 가락국의 수로왕이라고 한다. 이제 해인사가 세워진 내력을 알아보자.

중국 양(梁)나라의 금성(金城)에 보지(寶誌)라는 이름의 고승이 있었는데 죽을 때 자신이 써 둔 「동국답산기(東國踏山記)」라는 책을 제자들에게 내주면서 당부했다.

"내가 죽은 뒤에 해동에서 두 스님이 법을 구하러 올 것이니 전해주어라"

그로부터 3백 년 뒤인 당나라 시대에 신라에서 순응(順應), 이정(利貞) 두 스님이 찾아와 경전을 찾았다. 고승의 유언을 전해 들어온 중들이 「동

국답산기」를 내어주며 상황을 설명하자 순응 스님은 고승의 무덤을 찾아
이레 동안 밤낮없이 예불을 올리며 법문 듣기를 청하였다.

7일째 되는 날 무덤이 스르르 열리더니 고승이 나타나 법문을 말씀하
시고 승려들에게 물건을 건네며 말했다.

"너희 나라 우두산(于頭山) 서쪽에 법이 크게 흥할 곳이 있으니 돌아가
거든 하루빨리 그 곳에 절을 세우라"

말을 마치고 고승은 다시 무덤 속으로 들어갔다.

두 스님은 본국에 들어오자마자 곧 우두산으로 들어갔다. 한참 걸어가
다가 사냥꾼들을 만나자 물었다.

"여보시오, 그대들은 사냥을 하느라고 이 산을 두루 돌아다녔을 터이
니 이 산 속에 절을 짓기 마땅한 곳이 어디인지 알려주시오."

그러자 사냥꾼들이 대답했다.

"여기서 조금만 더 가면 물이 있는 곳에 나올 것입니다."

두 스님이 사냥꾼이 알려준 곳을 찾으니 산의 형세와 물의 흐름이 마
음에 들었다. 스님들은 그 곳에 자리를 잡고, 참선에 들었는데 밝은 빛이
하늘 높이 솟구쳤다.

그 무렵 신라 애장왕(哀莊王)의 왕비가 병이 들어 좋다는 약을 다 썼으
나 효과가 없었다. 왕은 부처님께 의지해보고자 사방으로 신하들을 보내
어 이름 높은 스님을 찾도록 했다.

그리하여 한 대신이 우두산 근처를 지나치다가 붉은 빛이 하늘로 뻗는
것을 목격하고 산 속으로 들어갔다. 그러나 골짜기가 험하고 개울이 깊어
더 가지 못하고 망설이는데 갑자기 큰 호랑이가 나타나 앞에서 길을 인도

하였다. 그 호랑이는 두 스님이 참선하는 곳에 이르자 사라졌다.

신하는 스님 앞에 엎드려 절을 한 후 함께 궁궐로 가기를 청하였다. 두 스님은 사양하다가 신하가 간절히 부탁하자 오색실을 주며 말했다.

"궁궐에 커다란 배나무가 한 그루 서 있을 것이오. 이 실의 한 끝을 배나무에 매어놓고, 다른 한 끝은 왕비에게 매어 두시오."

신하가 돌아와 그 말을 전하니 스님들이 가르쳐 준 대로 하자 배나무가 말라죽고 왕비의 병이 씻은 듯이 나았다.

나중에 두 스님이 참선하던 자리에 절을 지었는데 왕이 왕비와 함께 친히 찾아와 밭을 하사했다.

순응스님은 일찍 입적하였고, 이정선사는 오랫동안 절을 지켰다. 고려가 건국했을 때 왕건은 주지스님 희랑대사(希郞大師)가 후백제의 견훤을 뿌리치고 자신을 도와준데 대한 보답으로 그 절을 나라에서 제일가는 절로 삼았다.

그 후 조선 시대 태조 8년(1399년)에 강화도 선원사(禪源寺)에 있던 고려 시대 8만대장경판을 이곳으로 옮겼고, 세조(世祖) 때엔 현재 유네스코 세계문화유산으로 지정된 장경각(대장경을 보관하는 전각)을 지어 경전을 보관했다.

해인사를 해동 제 1의 법보사찰이라고 부르는 것은 이곳에 8만대장경판이 있기 때문이다.

해인사에 보관된 8만대장경은 국보 32호이며, 이 경판을 보관한 장경각은 국보 52호인데 자연적으로 습도와 통풍이 조절되는 건물로 현대의 건축기술로도 그것을 따라갈 수가 없다고 한다.

문수보살을 만난 연회국사

연회국사(緣會國師)는 신라 원성왕(元聖王)때의 스님으로 울주군 영취산에 숨어 불법을 닦았다. 스님이 계시는 곳에 연못이 있는데 봄여름가을 겨울 네 계절 내내 연꽃이 활짝 피어 있었다. 원성왕이 그 소문을 듣고 그를 불러 국사(國師)로 삼고자 하였다.

그러자 연회는 암자를 버리고 서쪽으로 길을 떠났다. 고개를 넘어 바윗길을 지나다가 밭을 갈고 있는 한 노인을 만났다. 노인이 물었다.

"스님은 어디로 가시오?"

"나라에서 잘못 듣고 벼슬로써 나를 묶어두려고 하니 몸을 피하려 합니다."

노인은 쯧쯧 혀를 찼다.

"여기에서 피할 수도 있는데 어찌하여 수고스럽게 멀리 가려 하는가. 오히려 이름 팔기를 좋아하는 것이 아니오."

연회는 노인이 자신을 업신여긴다고 생각하여 충고를 무시하고 다시 걸어갔다. 잠시 후 시냇가에서 한 노파를 만났는데 노파가 물었다.

"스님은 어디를 가시오?"

연회는 똑같은 대답을 했다.

노파가 또 물었다.

"오다가 혹시 누구를 만나지 않으셨소?"

"예, 한 노인을 만났는데 사람을 업신여기더이다."

노파는 고개를 절레절레 흔들었다.

"그 분은 문수보살님인데, 그 분의 말을 듣지 않았구려."

연회는 깜짝 놀라 다시 그 노인에게 달려가 엎드려 빌었다.

"소승이 어리석어 알아보지 못하였습니다. 이제 국사의 일을 맡으러 돌아가고자 합니다. 그런데 조금 전 제가 만난 시냇가의 노파는 누구입니까?"

"그는 노래와 춤으로 법을 일깨우는 변재천녀(辯才天女)이시다."

대답을 하고 노인은 사라져버렸다.

연회는 다시 암자로 돌아와 원성왕의 사신을 따라 궁궐로 갔다. 원성왕은 연회를 국사에 임명하였다.

그 뒤 사람들은 연회가 문수보살을 만나 감응 받은 곳을 문수점(文殊岾)이라 불렀다.

이 설화를 두고 일연 스님은 「삼국유사」에 다음과 같은 시를 남겼다.

"저자에 숨어살기 어려워

산 속에 묻혀 산다 하지만
송곳이 주머니를 뚫고 나옴과 같으니
뜰의 연꽃이 잘못이겠는가
산 속이 깊어도 숨길 수가 없네."

김현과 호랑이 처녀

우리나라에 불교가 들어오면서 함께 들어온 불교 의식의 하나가 탑돌이이다.

탑돌이는 불교의 큰 명절이 있을 때나 불공을 드릴 때 행했는데 스님과 신도들이 절 탑을 돌면서 부처님의 말씀을 새기는 한편 소원을 빌었다.

당시 탑돌이 행사는 젊은 남녀가 자유연애를 할 수 있는 절호의 기회였다. 그날만은 누구의 눈치도 보지 않고 남녀가 모여 탑을 돌다가 서로 마음에 맞는 상대를 만날 수가 있기 때문이었다. 일연은 「삼국유사」에 바로 그 탑돌이에 얽힌 사랑 이야기를 남겼는데, 그것이 바로 '김현이 호랑이를 감동시키다' 이다. 이제 그 이야기 속으로 들어가 보자.

신라 원성왕 때에 김현(金現)이라는 젊은이가 밤늦게까지 탑을 돌고 있었다. 그때 한 처녀가 김현의 뒤를 따라 탑을 돌았다. 두 사람은 첫눈에 사랑에 빠졌고 아무도 없는 숲으로 함께 들어가 깊은 정을 나누었다.

밤이 깊어 처녀가 돌아가려 하자 김현이 처녀의 뒤를 따라갔다. 처녀가 몇 번이나 오지말라 하였으나 김현은 계속 그 처녀를 따라갔다. 처녀는 서쪽 산기슭에 있는 한 초가집으로 들어갔다. 그곳에는 어머니인 듯 보이는 노파가 있었는데 처녀에게 물었다.

"뒤따라 온 남자가 누구냐"

처녀가 탑돌이를 하며 서로 좋아하게 된 사정을 이야기하자 노파는 걱정스러운 얼굴로 말했다.

"젊은 남녀가 서로 만나 정을 나눔이 잘못은 아니나 차라리 만나지 않았더라면 좋았을 것을. 그러나 이미 저질러진 일이니 어쩔 수가 없구나. 그 남자를 잘 숨겨 두어라. 네 오빠들이 해칠까 너희 오빠가 알면 해칠까 봐 두렵다"

처녀는 김현을 집안 깊숙한 곳에 숨겼다.

잠시 후 호랑이 세 마리가 으르렁거리며 들어와서 사람의 말로 얘기를 했다.

"집안에서 사람 냄새가 나는구나. 마침 배가 고팠는데 잘 됐다."

노파와 처녀가 그들을 꾸짖었다.

"코가 잘못된 모양이구나. 무슨 엉뚱한 소리냐?"

이때 하늘에서 천둥처럼 큰 소리가 들려왔다.

"너희들이 생명을 너무 쉽게 해치니 너희 중 한 놈을 죽여 악을 벌하겠다."

그 소리를 듣고 세 호랑이가 벌벌 떨면서 두려워하자 처녀가 그들에게

말했다.

"오빠들이 잘못을 뉘우치고 멀리 가서 조용히 산다면, 제가 대신 벌을 받겠습니다."

세 호랑이는 기뻐하며 멀리 도망쳤다. 처녀는 김현을 나오게 해서 말했다.

"이제 저와 제 가족이 호랑이임을 아셨을 것입니다. 처음 흥륜사에서 뵈었을 때부터 정을 느꼈고, 굳이 따라오지 말라 한 것도 저의 정체가 드러날까 두려워서였습니다. 이제 숨김없이 제 마음을 말하겠습니다. 비록 그대는 사람이고 저는 짐승이나 하룻밤이나마 정을 나누었으니 부부의 인연을 맺었다 할 것입니다. 제 오빠들의 죄를 하늘이 벌하려 하시니 그 재앙을 저 하나의 몸으로 당하고자 합니다. 하지만 이왕 죽을 바엔 서방님의 손에 죽고 싶습니다."

김현이 놀라 아무 말도 못하자 처녀는 다시 말했다.

"제가 내일 거리로 나가 사람들을 해치고 다니면 임금이 반드시 큰 상을 내려 호랑이를 잡을 사람을 찾을 것입니다. 그때 서방님은 겁내지 마시고 저를 쫓아 성 북쪽 숲 속으로 오십시오. 제가 거기에서 기다리겠습니다."

김현은 처녀의 말이 너무나 기가 막혔다.

"사람이 짐승과 사랑하는 것이 떳떳한 일은 아니나 이미 우리는 부부로서 인연을 맺었소. 어찌 부인의 죽음을 팔아 벼슬을 바란단 말이오!"

"그런 말씀 마십시오. 서방님을 만나자마자 이렇게 죽어야 하는 것은 하늘이 정한 제 목숨이 짧기 때문입니다. 그러나 서방님의 지극한 사랑을 받으니 더 이상 바랄 것이 없습니다. 죽는 것은 저의 소원이지만, 서방님께는 경사요, 우리 가족에게는 복이며, 백성들에게는 기쁨이 될 것입니다. 단지 제가 죽은 후 저를 위해 절을 세우시고 사람들에게 불경을 널리 펴게 한다면 저에게 좋은 공이 돌아올 것입니다.”

김현은 결국 호랑이 처녀의 말대로 하기로 했다.

그리고 둘은 서로 울면서 작별하였다.

이튿날, 과연 거리에 사나운 호랑이가 나타나 사람들을 해치며 돌아다녔다. 원성왕이 이 소문을 듣고 호랑이를 잡는 자에게 벼슬을 내린다는 명령을 내렸다.

김현은 왕 앞에 나아가 자신이 호랑이를 잡겠다고 말하고 거리로 갔다. 김현을 보더니 호랑이는 북쪽 숲으로 달아났다. 김현이 숲에 이르자 호랑이는 처녀로 변해 김현을 맞이했다.

“어젯밤에 제가 부탁드린 말을 잊지 마십시오. 오늘 제 발톱에 상처를 입은 사람들에게는 흥륜사의 간장을 바르게 하고 거기 보관된 나팔 소리를 듣게 하면 상처가 나을 것입니다.”

말을 마치자 처녀는 김현이 차고 있던 칼을 뽑아 자기 손으로 목을 찔렀다. 처녀의 시체는 다시 호랑이로 변했다.

훗날 김현은 호랑이 처녀와의 약속대로 서쪽 개천가에 절을 세우고 이름을 호원사(虎願寺)라 지어서 은혜를 갚았다. 그리고 불경을 강설하여 호랑이의 명복을 빌었다.

김현이 죽음을 앞두고 자신이 겪은 일을 기록으로 남기니 비로소 세상 사람들이 그 일을 알았다고 한다.

일연 스님은 호랑이를 아내로 둔 남자의 이야기를 또 한 편 기록해두었다.

중국 당나라 때 신도징(申屠澄)이라는 남자가 어느 지방의 현위(縣尉)에 임명되었다. 집을 떠나 그곳으로 가던 중 깊은 산속에서 눈보라와 심한 추위를 만나 말이 다 걸어가지를 못했다. 마침 길옆에 초가집이 있어 들어갔다. 그 집에는 늙은 부부와 처녀가 있었다. 처녀는 때 묻은 옷을 입고 머리는 헝클어져 있었으나 살결이 눈처럼 희고 얼굴이 꽃같이 아름다웠다.

노부부가 급히 일어나 도징에게 인사를 하며 말했다.

"추위에 고생이 심하셨군요. 불 옆으로 오셔서 몸을 녹이십시오."

도징은 불가에 앉아 언 몸을 녹였다. 그런데 날이 저물어도 눈보라는 그치지 않았다. 할 수 없이 도징이 말했다.

"길도 멀고 날도 이미 저물었으니 하루 저녁 자고 가게 해주십시오."

늙은 부부가 대답했다.

"비록 누추한 집이지만 괜찮다면 머물다 가시지요."

도징이 말안장을 풀고 잠자리에 들려고 하니 처녀가 얼굴을 씻고 단장한 모습으로 나왔는데 선녀처럼 아름다웠다.

도징은 마음이 크게 흔들림을 느끼고 처녀의 아버지에게 말했다.

"따님이 매우 아름답고 정숙해 보입니다. 아직 혼인을 약속한 곳이 없다면 제가 청혼하려 하는데 어떠십니까?"

노인은 공손히 대답했다.

"뜻밖에 귀한 손님께서 제 딸을 거두어 주신다니 하늘이 정한 인연인
가 봅니다."

도징은 사위로서 예를 올리고 처녀와 하룻밤을 보냈다.

다음날, 도징은 아내를 말에 태워 임명받은 고장으로 갔다. 급료는 매
우 적었지만 아내가 힘써 살림을 돌보았으므로 즐거운 일뿐이었다. 그 사
이 아들 하나 딸 하나를 두었는데 둘 다 총명하였다. 도징은 그 모든 것이
아내의 덕이라 생각하고 아내를 더욱 깊이 사랑했다.

임기가 끝나고 고향으로 돌아가기 전날 도징은 아내를 위해 시를 지
었다.

"한 번 벼슬하니 매복이 부끄럽고

3년이 지나니 맹광에게 부끄럽구나.

이 정을 어디에다 비할꼬.

냇물 위에 원앙새가 떠 있구나."

(매복: 중국 한나라 때 사람. 아내와 자식을 버리고 신선이 되었다는 인물 / 맹광: 동한 때의 사
람. 가난하고 어진 선비 양홍의 아내로 어진 아내였다)

아내는 종일 그 시를 읊으며 화답하는 말을 생각하는 듯 했지만 입 밖
에 내지 않았다.

다음날 도징이 가족을 데리고 고향길로 떠나려 할 때 아내가 슬퍼하며
도징에게 말했다.

"저번에 주신 시에 화답하겠습니다."

그리고는 이렇게 읊었다.

"부부의 정이 비록 중하나
산에 대한 그리움을 누르지 못하니
시절이 변할 것을 항상 걱정했소.
백년해로 저버리지 않으려고."

도징은 아내가 자기 고향을 그리워함을 알고 함께 아내의 친정으로
갔다. 그러나 거기엔 아무도 없었다. 도징의 아내는 부모를 그리워하며
종일 울었다. 그러다가 벽 한 귀퉁이에 걸린 호랑이 가죽을 보고 크게 기
뻐하며 말했다.

"이 물건이 아직도 여기에 있구나!"

그리고 호랑이 가죽을 뒤집어쓰니 당장 호랑이로 변해 문을 할퀴다가
박차고 나가버렸다. 도징이 놀라서 피했다가 두 아이를 데리고 호랑이가
간 길을 쫓아가보았으나 간 곳을 알 수가 없었다. 도징은 호랑이가 사라
진 산을 바라보며 며칠을 울었다고 한다.

일연 스님은 두 이야기를 비교하는 글을 함께 남겼다.

"김현과 신도징 두 사람이 사람으로 변한 호랑이를 아내로 맞은 것은
같다. 그러나 신도징의 호랑이 아내는 사람을 배신하는 시를 주고 으르렁
거리며 할퀴고 도망간 것이 김현의 아내와 다르다. 김현의 호랑이 아내는
사정이 있어 사람을 해쳐야 했으나 좋은 치료법으로 해친 사람들을 구하

였다. 짐승도 이렇게 어질거늘 오늘날 사람이면서도 짐승만도 못한 자가 있음은 무슨 까닭인가. 김현의 얘기를 자세히 보면 짐승의 어진 성품이 절을 짓고 불경을 강설하게 하였으나, 또한 김현이 정성껏 탑을 돈 것에 부처님이 감응한 것이니 복을 받은 것이 당연하다."

거지 여인을 품어준 정수법사

정수법사(正秀法師)는 신라 제 40대왕인 애장왕(哀莊王) 때의 스님으로 국사(國師)에 임명되었던 큰스님이다. 남달리 자비심이 많았던 스님인데 국사에 책봉된 사연이 다음과 같이 전해지고 있다.

정수법사는 황룡사의 스님이었다. 어느 눈 내리는 추운 겨울 저녁에 삼랑사(三郞寺)에 다녀오다가 천엄사(天嚴寺) 앞을 지나게 되었다.

그런데 천엄사 앞에 한 여자 거지가 애를 낳고 누워 있었다. 그대로 두었다가는 두 생명이 얼어 죽게 생긴 것을 본 정수 법사는 그대로 지나칠 수가 없었다. 법사는 여자 거지를 품에 안아서 몸을 녹여주고 걸치고 있던 옷을 모두 벗어서 덮어주었다. 그리고 자신은 알몸으로 황룡사로 돌아와 볏짚으로 몸을 덮고 잠을 잤다.

그날 저녁 하늘에서 천인들의 소리가 들렸다.

"황룡사 정수스님을 국사에 임명하여라"

기이하게 여긴 애장왕이 신하를 보내 알아보니 스님이 발가벗은 모습
으로 짚더미 속에 있었다.

애장왕은 예를 갖추어 스님을 모셔와 국사에 임명하였다.

심지화상을 따라온 간자

심지(心地)스님은 신라 제 41대 헌덕왕(憲德王)의 왕자였다. 어려서부터 효성이 지극할 뿐만 아니라 형제에 대한 우애도 깊었다. 또한 천성이 총명하고 어질었다.

15세에 머리를 깎고 출가해 대구 팔공산에 머물렀다. 그 무렵 속리산에서 영심(永深)스님이 진표율사의 뜻을 이어받아 법회를 연다는 소문을 듣고 찾아갔으니 날짜가 늦었다하여 받아주지 않았다.

심지 스님은 법당에 오르지 못하고 절 마당에 앉아 법당의 사람들을 따라 예불을 올렸다. 7일째 되는 날 폭설이 내려 무릎까지 빠졌으나 심지 스님이 앉아있는 주변은 전혀 눈이 내리지 않았다. 이를 본 사람들이 법당에 오르기를 권했으나 스님은 공손한 태도로 병이 있어 들어가지 못한다고 사양했다. 계속 절 마당에서 예불을 올렸는데 이마를 땅에 찧고 손을 땅에 치며 절하니 이마와 손에 피가 흘러 진표율사의 수행을 연상

케 했다. 하늘도 감동했던지 매일 지장보살이 나타나 심지스님을 위로하였다.

법회가 끝나고 스님은 다시 팔공산으로 돌아갔는데 자기도 모르게 옷섶 사이에 점을 치는 간자(簡子) 두 개가 끼어져 있는 것을 발견하였다. 스님은 깜짝 놀라 다시 속리산으로 돌아가 영심스님에게 사실을 말했다.

영심스님은 고개를 저었다.

"간자는 함 속에 깊이 넣어두거늘 어찌 그대에게 갈 수 있단 말인가."

그리고 함을 보니 함은 잠가둔 그대로였다. 그러나 함을 열어보니 간자는 없었다. 영심 스님은 기이하게 생각했으나 간자를 잘 싸서 다시 깊이 간직하였다.

심지 스님은 다시 팔공산으로 향했는데 어느새 간자가 또 다시 옷섶에 꽂혀 있으므로 다시 속리산으로 돌아갔다.

영심스님은 간자를 받아보았으나 도로 심지스님에게 건네며 말했다.

"이것은 분명히 부처님의 뜻이다. 부처님의 뜻이 그러하니, 그대는 그 뜻을 받들라."

심지스님이 간자를 받아 머리에 이고 팔공산으로 돌아가니 팔공산 산신이 두 신선을 거느리고 나와 맞이하였다. 산신은 심지스님을 한 바위 위에 앉히고 신자들과 함께 바위 밑에 엎드려 깨달음을 내려주기를 청했다. 심지는 그들에게 불법을 강설하고 말했다.

"이제 좋은 땅을 택해서 부처님의 신성한 간자를 모시려 하는데, 우리가 정할 일이 아니다. 높은 곳에 올라가 간자를 던져 점을 치자."

스님은 그들과 함께 산꼭대기에 올라가 서쪽을 향하여 간자를 던졌다.

간자는 바람을 타고 멀리 날아갔다.

그때 산신과 선자는 노래를 불렀다.

"바위가 멀리 물러가니 평탄하고
낙엽 날려 흩어지니 땅이 깨끗하다
간자를 얻어 정한 곳에 모시니
진심으로 공경할지라."

나중에 간자를 어느 산속 샘에서 찾았으니 그곳이 지금 동화사 북쪽에 있는 작은 우물이다.

그로부터 오랜 후인 고려 제16대 예종(睿宗)왕 때에 이 간자를 궁궐 안에 모시고 공경했다. 그러다 하나가 없어져 상아로 다시 만들어 동화사로 보냈는데 뒤에 색이 점점 변하여 본래 있던 한 개와 구별할 수 없었다고 한다.

범일조사와 정취보살

범일조사(梵日祖師)는 신라말 문성왕(文聖王) 때에 활약했던 스님이다.
범일(梵日) 또는 품일(品日)이라 불렸고 낙산사를 거쳐간 큰스님 중 정취
보살(正趣菩薩)을 모시게 된 다음과 같은 이야기가 전한다.

범일이 당나라에 유학 갔을 때 명주(明州)에 있는 개국사(開國寺)라는
절에 간 적이 있었다. 그런데 승려들 중에서 왼쪽 귀가 없는 한 스님이 앞
으로 나와 이렇게 말했다.

"스님, 혹시 해동에서 오지 않으셨는지요?"

"네, 신라 사람입니다."

"그럼 부탁 하나 드려도 되겠습니까?"

"무슨 부탁인지요?"

"소승은 신라와 접경지역인 명주 익령현(지금의 평양) 덕기방에 살고
있습니다. 스님께서 귀국하시면 저를 꼭 좀 찾아주십시오."

범일은 꼭 그러겠다는 약속을 했다.

그후 범일 스님은 신라에 돌아왔으나 굴산사(堀山寺)를 세우고 법을 펴느라 개국사에서 만난 스님과의 약속을 까맣게 잊고 있었다.

그렇게 10년이 지난 어느 날 밤 범일의 꿈에 그 스님이 나타나 창문 앞에 와서 말했다.

"스님, 나를 모르시겠습니까? 그때 스님께서 제게 약속을 해주셨는데 잊으셨습니까?"

꿈에서 깬 범일조사는 그날로 덕기방으로 향했다. 가는 길에 낙산 밑의 한 마을에 이르러 지나가는 여인에게 덕기방이 어딘가를 물었다. 여인은 고개를 갸웃거렸다.

"덕기방이라는 고장은 없습니다. 그런데 참 이상하군요. 제 딸의 이름이 덕기이니 말입니다."

범일은 여인에게 덕기라는 딸에 대해 더 자세하게 물었다. 여인이 대답하였다.

"딸은 여덟 살인데 항상 남쪽 시냇가 돌다리 밑에서 놉니다. 왼쪽 귀가 없는 금빛 동자와 논다는 거예요."

범일은 그 얘기를 듣고 크게 기뻐했다.

"이제야말로 틀림없이 보살을 뵐 수가 있겠구나."

곧 남쪽 시냇가로 가니 황금빛 나는 돌 불상이 물속에 있었다. 놀랍게도 불상은 왼쪽 귀가 없었고 얼굴 생김이 개국사에서 만난 스님과 똑같았다.

범일 스님 일행은 수없이 절을 하고 나서 부처님을 어디에 모실 것인지 의논했다. 그때 물속에서 말소리가 들렸다.

"나는 정취보살이다. 낙산사로 가면 내 자리가 있을 것이다. 오늘에야 내가 인연을 만나 자리를 정하는구나."

범일스님이 돌부처님을 모시고 낙산사로 가니 관세음보살 옆 자리가 비어있는데 돌부처를 올리자 맞춘 듯 딱 맞았다고 한다.

황룡사의 솔거 벽화

황룡사는 서라벌에 있던 절로 신라 24대 진흥왕 때에 짓기 시작하여 선덕왕 14년 (서기 645년)에 완성했다. 목조 9층탑과 장륙존상으로 유명했으나 1238년 몽고군이 불태워버렸다.

본래 황룡사 터는 새로 지을 궁궐 자리였는데 황룡이 솟아오르자 대신 절을 짓고 이름을 황룡사(皇龍寺. 일명 黃龍寺)로 지었다.

당시 화공 솔거가 황룡사 벽에 노송 한 그루를 그렸는데 새들이 진짜 소나무인줄 알고 벽에 앉으려다 부딪쳐 떨어지곤 했다고 한다.

훗날 세월이 흘러 그림이 탈색되어 다른 화공이 색을 다시 입혔는데 그 뒤로는 새들이 날아들지 않았다.

이 이야기는 화공 솔거의 뛰어난 그림 솜씨만을 알리기 위한 것이 아니다. 부처님을 위해 벌이는 모든 일에 새가 날아들 만큼의 정성을 기울여야 한다는 점을 잊지 말아야 할 것이다.

해동서성 김생

김생(金生)은 신라 33대 성덕왕 때의 사람으로 서기 711년에 태어나 791년에 죽었다. 한평생을 서예에 바쳤으며 예서·행서·초서에 능하여 해동의 서성(書聖)이라 불렸다.

지극한 불자였던 김생은 충북 충주 북쪽 진안(津岸)에 있는 금생사(金生寺)라는 절에서 수행을 하기도 했다.

평생 글씨쓰기를 좋아하여 나이 여든이 다 되어도 붓을 놓지 않았다.

고려 때 송나라에 간 사신이 김생의 글씨를 가져갔는데 김생의 글씨를 본 중국 사람들이 이것은 왕희지의 글씨라며 놀라워하였다.

고려 광종 때 단목화상(端目和尙)이 김생의 글씨들을 모아 백월선사(白月禪師) 비를 세웠는데 중국 사신들이 올 때마다 이를 베껴가므로 도강선동김생자(渡江先同金生字)라는 싯구까지 생겼다고 한다.

백월선사의 비는 본래 경북 봉화군 태자산(太子山)의 태자사(太子寺)에 있었다고 하며 현재 김생의 글씨로 알려진 대표적인 작품은 〈전유암산가서〉, 〈여산폭포시〉, 〈백월선사비〉이다.

부처님을 노래한 진감국사

진감국사(眞鑑國師)는 신라 말기의 고승으로 774년에 태어나 851년에 입적하였다. 속성은 최(崔)씨이고 법명은 혜소(慧昭)이다. 당나라로 유학을 갔다가 흥덕왕 5년에 귀국하여 경북 상주의 장백사(長伯寺)에서 선을 가르치다가 지리산 화개 계곡에 들어가 옥천사(玉泉寺)를 지었다. 이 옥천사는 훗날 쌍계사로 이름을 고쳐 지금까지 존재한다.

국사는 지금의 전북 김제군 사람으로 7~8세 되면서부터 중 흉내를 내기 시작하였다고 한다. 놀 때에도 나뭇잎을 불태우며 향불이라 하고 꽃을 꺾어 부처님 앞에 바치기도 했다. 일찍이 출가할 뜻을 세웠으나 부모님이 생존해 계셔서 뜻을 이루지 못하다가 부모님이 돌아가신 후 바로 당나라로 들어갔다. 창주(滄州)에 가서 신감대사(神鑑大師)를 뵈었는데, 국사가 절을 하고 일어서기도 전에 이렇게 말하며 제자로 받아들였다고 한다.

"어허, 헤어져 섭섭하던 터에 이제야 서로 다시 보는구나."

스님은 신감에게서 도를 배운 후 다시 종남산(終南山)으로 들어가 3년

동안 오로지 송홧가루만 먹으면서 지관(천태종에서 말하는 모든 번뇌를 끊고 자신의 본성을 들여다보는 수행)을 닦았다. 지관을 마친 후엔 다시 사람들이 오가는 거리로 내려와 3년 동안 신을 삼아 오가는 사람들에게 보시했다.

신라로 돌아와서 처음에는 상주 장백사(長柏寺)에 머무르며 불법을 폈는데 신도들이 너무 많이 몰려들어 모두 수용할 수 없게 되자 지리산으로 옮겼다. 이때 호랑이 한 마리가 앞에서 국사를 인도하였다고 한다.

국사는 77세에 앉은 자세로 열반에 들었는데, 구름 한 점 없는 하늘에 갑자기 비바람이 몰아치고 호랑이가 울부짖는 소리가 들리더니 붉은 구름이 하늘에 뜨고 공중에서 신비로운 소리가 들렸다고 한다.

한편 국사는 당나라에서 범패(梵唄. 석가여래의 공덕을 찬미하는 노래. 찬불가)를 배워왔는데 매일 학자를 법당 안에 모아 범패를 전했으니 그것이 한국 범패의 시작이 되었다.

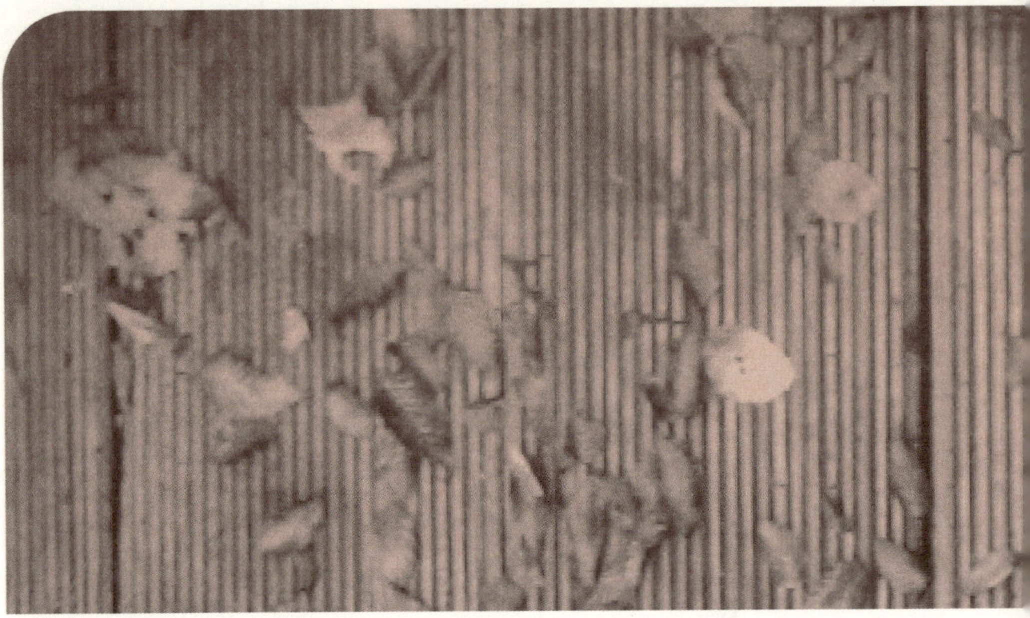

Chapter 5

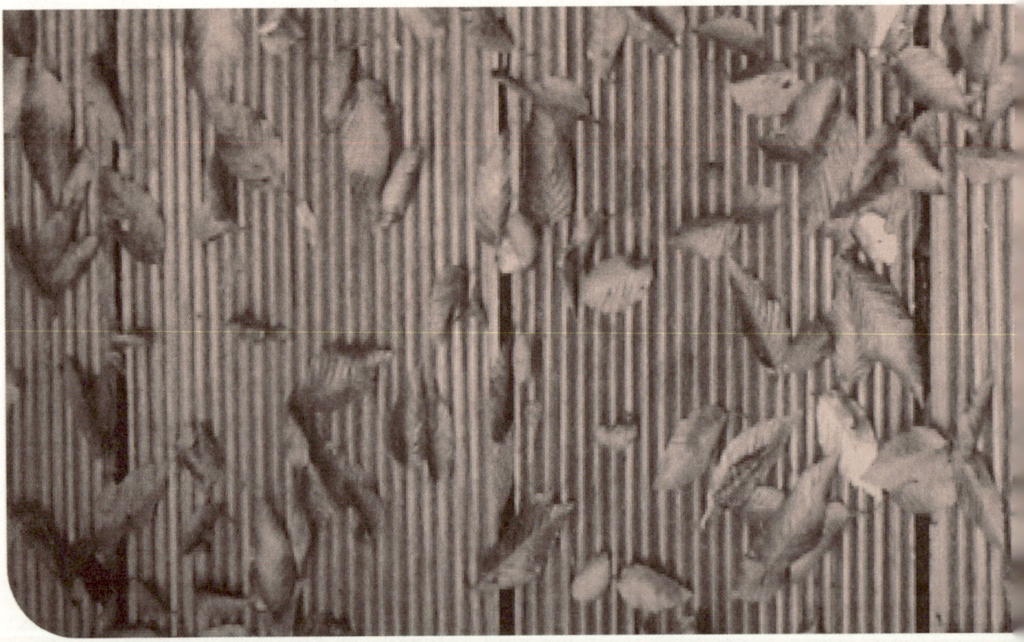

불교가 역사를 만든다

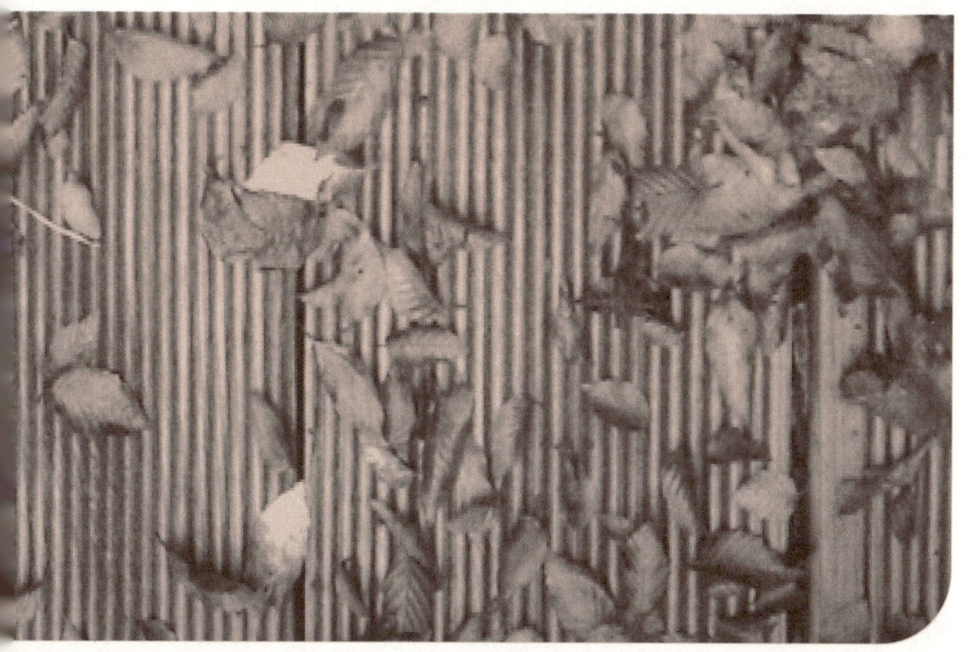

혜철국사의 신통력

혜철국사(惠哲國師)는 신라 46대 문성왕 때의 사람으로 성은 박(朴)씨, 자(字)는 체공(體空)이다.

국사의 어머니가 어느 중국 스님이 향로를 받들고 있는 꿈을 꾸고서 잉태하여 스님을 낳았다고 한다.

혜철은 어려서부터 고기를 보면 구역질을 하고 살생하는 것을 보면 슬퍼하였다. 15세에 부석산에서 출가했는데 화엄경을 들은 자리에서 한꺼번에 다섯 권의 내용을 한 자도 틀리지 않고 외웠다.

스님이 된 후 계율과 참선을 함께 닦다가 현덕왕 6년에 당나라에 들어가서 방공산의 지장선사를 찾아가 공부하고 심인(心印. 글이나 말로 나타낼 수 없는 내면의 깨달음. 불심의 확증)을 받았다.

나중에 여러 곳을 두루 다니다가 서주의 부사사에서 대장경 공부를 했는데 3년 동안 한 번도 자리에 눕지 않고 수행했다고 한다.

신문왕 1년에 본국에 돌아와 무주 곡성군 동리산(桐裏山) 쌍봉난야(雙峰蘭若)에서 여름 하안거(夏安. 승려들이 음력 4월 15일부터 7월 15일까지 한 곳에 머물며 수행하는 것)에 들어갔는데 가뭄이 계속돼 산천이 메마르자 사람들이 스님에게 기도를 청했다. 스님이 말없이 향을 피우자 잠시 후 무주에 비가 흠뻑 내렸다.

지리산 묵계곡(墨契谷)에 있을 때에는 산에 불이 나서 암자가 불길에 휩싸이게 생겼으나 놀라지 않고 참선을 계속했는데 암자 앞까지 불이 타 들어오자 갑자기 소나기가 쏟아졌다. 온 산이 불에 탔으나 스님이 있던 암자는 불에 그슬린 자국조차 없었다.

훗날 스님이 신라 구산(九山)의 하나인 동리산(桐裏山)에 절터를 마련했는데 그곳은 말파리와 모기 등이 극성을 부려 도무지 사람이 살 수가 없는 곳이었다. 그러나 혜철스님이 신통력을 발휘해 벌레들을 내쫓으니 그 뒤로는 벌레들이 들끓지 않았다고 한다.

혜철스님과 관련해서 또 전해오는 이야기가 있다. 스님이 당나라에 들어갈 때에 어쩌다가 못된 무리들과 함께 배에 올랐다가 관리에게 붙잡혔다. 관리는 스님을 한패거리로 보아 옥에 가두었으나 스님은 아무 변명도 하지 않았다. 마침내 관리가 죄를 물어 못된 무리들의 목을 베고 마지막으로 스님의 목을 베려 하는데 스님은 전혀 두려운 표정이 없이 너무나 평온하였다. 관리가 스님을 선뜻 베지 못하고 주저하는데 마침 서라벌에서 스님을 살리라는 명이 내려와 스님을 풀어 주었다고 한다.

처용의 노래

신라 제 49대 헌강왕(憲康王) 때는 신라가 삼국을 통일하여 부족함 없이 평화를 누리던 시대였다. 당시 서라벌은 집마다 기와를 올려서 초가집이 한 채도 없었고 거리에는 음악과 노래 소리가 끊이지 않았다. 또한 풍년이 이어져 먹을 것이 넉넉하니 서라벌에 기쁨이 넘쳤다.

어느 날 헌강왕이 개운포(開雲浦) 바닷가로 놀러갔다가 서라벌로 돌아오는 길에 바닷가에서 잠시 쉬고 있었다. 그런데 갑자기 바다에서 구름과 안개가 자욱하게 몰려와 눈앞을 가렸다. 이상하게 여긴 왕이 신하들에게 물으니 한 신하가 대답했다.

"이것은 동해 용의 짓이 분명합니다. 선행을 베푸시어 동해 용의 기분을 풀어 주십시오."

왕은 즉시 신하들에게 근처에 동해 용을 위한 절을 세울 것을 명령했다. 그러자 신기하게도 구름이 걷히고 안개가 흩어졌다. 그래서 그 곳의 이름을 개운포(구름이 개어서 걷힌 포구)라 지었다.

그때 바다에서 동해 용이 일곱 아들을 데리고 나타나 왕의 덕을 칭찬하며 춤을 추고 음악을 연주했다.

용왕의 일곱 아들 중 하나가 왕을 따라 서라벌로 와서 왕의 정치를 도왔다. 그의 이름은 처용(處容)이었다. 왕은 아름다운 여인과 처용을 혼인시키고 처용에게 급간(級干)이라는 벼슬을 내렸다.

처용의 아내는 매우 어여쁜 여인이었다. 역신(전염병에 걸리게 하는 귀신. 마마라 불렀던 천연두를 퍼뜨렸다 함)이 처용의 아내를 보고 반해서 기회를 엿보았다. 어느 날 밤, 역신이 보니 처용은 없고 처용의 아내가 잠들어 있었다. 역신은 사람의 모습으로 변해 처용의 집으로 들어가 몰래 동침을 했다.

밖에 나갔던 처용이 들어와 보니 아내 옆에 웬 사내가 누워 있었다. 그러나 펄펄 뛰며 화를 내는 대신 처용은 노래를 지어 부르고 춤을 추며 그 자리에서 물러나왔다

"서라벌 밝은 달밤에 밤 깊이 노니다가
돌아와 자리를 보니 다리가 넷이구나.
둘은 내 아내의 것인데 둘은 누구의 것인가.
본래 내 것이었지만 뺏긴 걸 어쩌리."

그 노래를 들은 역신이 원래 모습으로 돌아와 처용 앞에 엎드려 빌었다.

 역사가 보이는 **불교 이야기**

"내가 그대의 아내를 좋아하여 오늘 밤 죄를 지었소. 그런데도 그대가 노하지 않으니 부끄럽고 감동하였소. 앞으로는 그대의 얼굴을 그려 붙인 그림만 봐도 그 문 안으로 들어가지 않겠소."

그때부터 신라 사람들은 전염병이 퍼질 때마다 처용의 얼굴을 그린 그림을 문에 붙여 역신을 쫓아냈다고 한다.

한편 헌강왕은 동해 용을 위해 영취산 동쪽 기슭에 좋은 자리를 잡아 절을 세웠다. 그 절을 망해사(望海寺) 또는 신방사(新房寺)라고 불렀다.

선서사와 검단선사

선서사(禪西寺)는 백제 제 27대 위덕왕(威德王) 28년에 백제의 검단선사(黔丹禪師)가 창건한 사찰로 현재 전북 고창군에 자리한 있는 선운사(禪雲寺)를 말한다. 대한불교 조계종 제 24교구 본사로 서해안의 고찰이다. 창건 당시에는 89개의 암자와 189채의 요사채(스님들이 지내는 건물), 24개의 수행 굴(窟)이 있는 큰 절이었으나 수차례의 화재로 많이 소실되었다.

이 절 앞바다 갯벌에서 침향(枕香)이 자주 발견되었는데 거기엔 다음과 같은 이야기가 얽혀 있다.

선서사를 창건한 검단선사는 후손들을 위해서 신통력을 발휘해 선서사 뒷산에 있는 1만 그루의 나무를 쓰러뜨렸다. 그 나무들을 바다에 묻었는데 조선시대까지 그곳 바다에서 건져낸 침향으로 향을 피웠다고 한다.

침향(沈香)은 팥꽃나무과에 속한 늘 푸른 나무로서 높이 20미터, 둘레

2미터가 넘는 거목이다. 인도 및 동남아시아가 원산지이다. 이 나무를 베어 땅속이나 물속에 묻어놓으면 나뭇진이 적은 부분은 썩어 없어지고 나뭇진이 많은 부분만 남게 된다. 이를 침향이라 하며 예로부터 귀한 향료로 쓰였다.

서해 앞바다에서 침향이 발견되었다는 것은 검단선사의 신통력이라기보다 동남아시아나 남중국 쪽에서 침향나무가 바닷물에 떠내려 묻히게 되었다고 이해해야 할 것이다.

이 검단선사 이야기는 조선시대 광해군 때 이수광(李睟光)이 지은 「지봉유설(芝峯類設)」에 나오는 이야기이다.

화살을 맞은 지장보살

석대암은 강원도 철원군 보개산에 있는 역사 깊은 암자이다. 삼국시대에 신라인 이순석(李順碩 혹은 順과 碩 두 사람이라는 설도 있음)이라는 사냥꾼이 다른 사냥꾼과 함께 이 보개산에서 사냥을 하다가 누런 멧돼지를 쏘아 맞혔다. 눈언저리에 화살을 맞은 멧돼지는 피를 흘리면서 환희봉(歡喜峯)쪽으로 도망쳤다.

두 사람이 멧돼지가 흘린 핏자국을 따라가니 멧돼지는 보이지 않는데 핏자국이 작은 샘에서 끊겨 있었다. 샘 속에는 돌로 만들어진 지장보살이 머리는 물 밖으로 내놓고 몸은 물속에 잠긴 모습으로 서 있었는데 왼쪽 눈썹에 화살이 꽂혀 있었다. 두 사람 깜짝 놀라 화살을 뽑아내고 석불을 샘 밖으로 모시려 했으나 작은 석불이 어찌나 무거운지 들어낼 수가 없었다.

두 사람은 두려움에 떨며 석불 앞에 엎드려 맹세했다.

"부처님! 어리석은 저희들을 불쌍히 여기십시오. 내일 다시 올 터이니 그때는 이 샘가에 나와 주십시오. 그러면 저희가 당장 출가하여 부처님을 모시겠습니다."

이튿날 다시 가보니 석상이 이미 샘에서 나와 옆에 있는 돌 위에 앉아 있었다. 두 사람은 그 자리에서 출가하여 큰절을 지어 석불을 모신 뒤 다시 산 아래에 돌로 단을 쌓은 후 그 위에 앉아서 정진하였다. 오늘의 석대암(石臺庵)은 그때 만들어진 것이다.

석불은 크지 않으나 얼굴 생김이 신비롭고 왼손에는 구슬을 들었는데 왼쪽 눈썹에는 금이 간 자국이 나 있다. 그것이 바로 화살이 꽂혔던 자리라고 한다.

훗날 누가 석불을 모신 곳에 큰집을 지으려고 재목을 운반해 두었는데 다음날 보니 재목은 근처 골짜기에 버려져 있고 석불 옆에 거대한 바윗돌이 놓여 있었다.

그 뒤 풍악도인(楓岳道人. 금강산에서 수도한 스님) 문일(文日)이 중국에 갔다가 당산(唐山) 경복사(景福寺)의 덕이 높은 스님으로부터 이런 말을 들었다.

"그대 나라의 보개(寶蓋)·풍악(楓岳. 금강산)·오대(烏臺), 그 세 산에 사는 사람은 영원히 지옥에 떨어지지 않으리라."

그 말을 명심하고 돌아온 문일 스님이 보개산으로 가서 심원사(深源寺)에서 환희봉을 바라보니 봉우리 주변에 빛이 가득하고 종소리가 은은하게 들려왔다. 문일이 급히 환희봉으로 올라가 보니 지장보살의 석불이 모셔져 있고 빛이 그 석불에서 나오고 있었다.

그 후, 고려시대에 재상 나공(羅公)이 이 암자에 머물렀다가 그 이야기를 듣고 어떤 증거가 있느냐고 물었다. 암자의 스님이 증거는 없고 그런 내용이 전해왔다고 하자 나공은 소리내어 웃었다.

"그렇다면 그냥 전해오는 소리를 어찌 믿는단 말인가."

그날 밤, 天人(천인)이 나공의 꿈에 나타나서 화를 내며 꾸짖었다.

"어찌하여 감히 성스러운 장소를 의심하느냐? 이곳은 네가 머물 곳이 아니니 당장 내려가라."

나공이 잠을 깨고 두려워하며 그날 밤 더 그곳에서 머물지 못하고 산 아래로 내려와 사원사(洞源寺)에서 잤다.

우리는 나공의 의심에서 교훈을 배워야 한다. 얄팍한 지식으로 세상을 다 아는 듯 큰소리치는 사람, 불교의 전파과정에 섞여온 무속적 내용들만 보고 불교를 매도하는 사람들은 풀잎 하나만 보고 숲을 보지 못하는 사람들이다.

불영사와 의상대사

불영사(佛影寺)는 성류굴로 유명한 경북 울진 천축산(天竺山)에 위치한 신라 시대의 절이다. 기록에 따르면 진덕여왕 5년(651년)에 의상대사에 의해 창건되었으며 불영사 창건에는 다음과 같은 이야기가 전해온다.

의상대사가 동해 바닷가를 따라 배를 타고 거슬러 올라갔다가 해운봉(海雲峯)에 올라 북쪽을 바라보니 산 하나가 보였다. 그 산의 생김새가 꼭 인도의 천축산과 비슷하다 하여 산 이름을 천축산이라 지었다.

그곳에 절을 지으려고 하는데 문득 연못에 부처의 모습이 어려 있는 것이 보였다. 또한 연못 속에 용 아홉 마리가 숨어 있었다.

의상대사가 용들에게 절을 지으려 한다고 말하였으나 용들은 자리를 비켜주지 않았다. 그래서 의상대사가 신통력을 발휘해 용들을 내쫓았다.

부처님의 그림자가 비쳤던 연못이라 하여 그 뒤 절 이름을 불영사라 붙였다.

이 불영사를 휘감아 도는 계곡을 구룡 계곡이라 불렀고 아홉 용이 놀던 폭포는 구룡폭포라고 불렀는데 지금은 불영사가 있는 계곡이라 하여 불영 계곡이라 부른다.

계율 지킨 아기 지증

지증대사(智證大師)는 지선대사(智詵大師)라고도 불리며 본래 경주 김씨이다.

지증을 잉태하기 전에 어머니는 꿈을 꾸었는데 늠름한 한 사내가 나타나 공손히 인사한 후 이렇게 말했다고 한다.

"저는 승견불(勝見佛. 과거 일곱 부처님 중 한 분) 때에 수문장이었는데 좋지 않은 마음을 자주 품은 탓에 지옥에 떨어졌습니다. 이제 그 죄갚음을 다 하고 인연을 따라 왔으니 받아주십시오."

그 후 어머니가 임신을 했으나 1년이 지나고 4백일이 되도록 출산을 못하다가 4월 초파일 부처님 오신 날에 태어났다.

태어난 지 며칠이 지나도 젖을 먹지 않고 목이 쉬도록 울기만 하여 집안 사람들이 모두 걱정하고 있을 때 한 노인이 나타나 말했다.

"아기를 먹이려거든 산모가 육식을 금해야 하오."

어머니가 그 말대로 했더니 비로소 아기가 울음을 그치고 젖을 먹었다. 이것은 먼 전생에서부터 지켜온 계율을 현생에서도 지키기 위한 것이었다.

아홉 살에 아버지를 여의고 그 이듬해 출가할 뜻을 세웠으나 어머니가 허락하지 않으므로 몰래 집을 나와 부석사에서 공부하였다. 하루는 이유 없이 마음이 불안하더니 어머니의 병이 위태롭다는 연락이 왔다. 지증이 놀라서 급히 집으로 돌아오니 어머니의 병이 저절로 나았다. 그러나 이번엔 지증이 중병에 걸렸고 온갖 약을 써도 듣지 않았다. 마침내 어머니는 부처님 앞에 엎드려 맹세했다.

"아들의 병을 낫게 해주시면 그 길로 출가를 시키겠습니다."

그러자 지증의 병은 씻은 듯이 나았고 어머니는 할 수 없이 출가를 허락했다.

지증은 열일곱 살에 정식으로 계율을 받고 스님이 되었다. 그날 지증의 소매 속에서 밝은 빛이 새어나와 소매를 살펴보니 맑은 구슬 한 개가 들어 있었다고 한다.

훗날 경문왕의 부름을 받았으나 사양하다가 다시 헌강왕의 부름을 받아 국사가 되었다. 하지만 곧 물러나와 평소 머무르던 경북 문경군 봉암사(鳳岩寺)에서 열반에 들었다.

동방대보살

　무염국사(無染國師)의 호는 무주(無住)로 태종무열왕의 8대 손이다. 어머니가 하늘에서 긴 팔이 내려와 연꽃을 건네주는 꿈을 꾸고 국사를 임신했다고 한다. 임신하고 석 달이 되었을 때 법장(法藏)이라는 도인이 나타나 열 가지 계율을 주므로 늘 명심하며 몸가짐을 조심했다고 한다.

　아홉 살 무렵엔 한 번 본 글귀를 모두 외워 사람들이 해동신동(海東神童)이라 불렀다.

　열세 살에 설악산)에서 출가하여 수년 동안 법성화상(法性和尙)의 제자로 배우다가 다시 부석사로 가서 석징대사(釋澄大師)에게 화엄경을 배웠다.

　훗날 당나라로 가는 배를 타고 가다가 풍랑을 만나 배가 부서지자 판자 한 쪽에 몸을 싣고 보름이나 바다를 떠돌다가 흑산도에 닿았다고 한다. 그래도 좌절하지 않고 다시 뜻을 세워 당나라에 들어가 지상사(至相

寺)에서 화엄경을 배우고 불광사(佛光寺) 여만화상(如滿和尚)에게서 율법을 배웠다. 그 뒤 다시 마곡사(麻谷寺) 보철화상(寶徹和尚)의 제자로 들어가 다른 사람이 싫어하는 일을 도맡아 하고 열심히 수행하니 보철공이 슬며시 불러 깨우침을 주었다고 한다.

보철공이 입적한 후에도 당의 고승과 수행자들을 찾아 정진을 계속하니 그 이름이 널리 알려져 동방대보살이라는 별칭이 붙었다.

무염국사는 당에 들어간 지 20여 년이 지나 문성왕 7년(845년)에 귀국하여 웅천(熊川) 오합사(烏合寺)에 머물렀는데 스님에게 배우려는 자들이 구름처럼 몰려들었다고 한다. 문성왕은 오합사를 성주사(聖主寺)라 다시 이름 지었고 국사는 성주산문(聖主山門. 신라 때 구산문(九山門)의 하나)의 창시자가 되었다.

자신을 부처라 부른 궁예

궁예(弓裔)는 신라 47대 헌안왕(憲安王), 또는 48대 경문왕(景文王)의 서자로 알려진 인물이다. 그러나 헌안왕에게 아들이 없었던 점으로 미루어 현재는 경문왕의 아들로 보는 의견이 많다. 신라 진성여왕 5년(서기 891년)에 북원(北原)에서 반란을 일으키고 스스로 후고구려 왕이라 일컬었다.

그는 신라 말기의 혼란 속에서 신라에 의한 삼국통일에 반감을 품고 있었던 한강 이북의 민심을 얻고자 후고구려 왕을 자칭하며 강원, 경기, 황해 대부분과 충청 지방 일부까지 장악했다. 그러나 폭군으로 전락해 비참하게 죽었다.

궁예는 음력 5월 5일, 경문왕과 궁녀의 사이에서 태어났다. 날 때부터 이빨이 나 있었고 지붕 위에 무지개가 걸려 있었다고 한다.

출생이 워낙 남달랐으므로 그가 나라를 망칠 자라고 주장하는 신하들

이 있었다. 결국 왕이 그를 죽이라고 명령했고 왕명을 받은 군사가 그를 창밖으로 집어던졌는데 유모가 몰래 그를 받아서 멀리 도망쳤다. 그러나 아이를 받다가 손으로 눈을 찔러 궁예는 평생 애꾸눈으로 살아야 했다.

궁예가 열 살이 되도록 공부는 하지 않고 놀기만 하자 하루는 유모가 궁예를 꾸짖으며 한탄했다.

"왕자님, 제가 목숨을 걸고 왕자님을 돌본 것은 장차 반드시 큰일을 이루시리라 믿었기 때문입니다. 그런데 헛된 장난만 치며 세월을 보내시니 그러다가 본색이 드러나면 왕자님과 저는 목숨을 부지할 수가 없습니다."

비로소 자신의 출생 비밀을 알게 된 궁예는 그때부터 공부에 힘썼고 나중에 세달사(世達寺)라는 절에서 스님이 되었다. 그러던 어느 날 길을 걷는데 까마귀 한 마리가 박씨를 떨어뜨리고 날아갔다. 궁예가 박씨를 주워 보니 왕(王) 자가 새겨져 있었다. 궁예는 이때부터 굳게 결심하고 기회를 기다렸다.

신라 말에 나라의 힘이 약해져 사방에서 반란이 일어나자, 궁예는 891년에 죽주의 산적 기훤의 부하로 들어갔다가, 892년에 북원의 양길에게 들어갔다. 그는 양길의 군사를 지휘해서 신라의 영토를 빼앗고 많은 군사를 기르면서 세력을 키워나갔다.

또한 백성들의 생명과 재산을 존중하고 부하들을 공정하게 대해서 나중에 고려 태조가 된 왕건(王建) 같은 유능한 장수들이 궁예에게 의지하였다. 강해진 궁예는 송악(지금의 나주)에 '태봉'이라는 나라를 세워 왕위에 올랐다. 양길이 화를 내며 공격해왔으나 왕건을 시켜 물리치고 도읍을 철원으로 옮기고 나라 이름을 '마진' 으로 바꾸었다.

그러나 강한 권력을 갖게 되자 궁예는 점점 변해갔다. 스스로 자신을 미륵불이라고 불렀으며 큰아들을 청광(靑光)보살, 작은아들을 신광(神光)보살이라 명하여 좌우에서 따르게 했다. 행차를 할 때에는 머리에 금관을 쓰고 스님이 입는 긴 가사를 걸치고 갈기와 꼬리를 비단으로 꾸민 말을 탔다. 말 앞으로는 아름다운 남녀 젊은이들이 불상과 꽃을 들고 걸어갔고 말 뒤로는 승려 이백여 명이 음악을 연주하며 걸어오게 했다. 그러면서 자신은 경전을 들고 부처인 듯 설법을 했다.

이를 보다 못한 석총(釋聰)이라는 스님이 사악하고 해괴한 이야기라고 꾸짖자 궁예는 쇠몽둥이로 스님을 쳐서 죽였다. 또 자신의 부인 중 하나인 강씨가 선한 정치를 펼 것을 간청하자 부인과 그 사이에 낳은 두 아들마저 잔인하게 죽였다.

이렇듯 잔인한 정치를 하니 모두 궁예를 두려워하며 미워하였다. 결국 궁예는 왕건을 왕으로 모시려는 부하들에게 쫓겨 백성의 옷으로 변장하고 산속으로 달아나 숨었다.

그러다 배고픔을 이기지 못하고 보리이삭을 훔쳐 먹다가 백성들에게 붙잡혀 죽었다.

자장암의 금개구리

자장암(慈藏庵)은 경남 양산군 영취산에 자리 잡은 통도사(通度寺) 법당 뒤에 있는 석굴이다. 이름만 석굴이지 지름 2센티미터, 길이 10센티미터 정도인 아주 작은 굴로 엄지손가락이 겨우 들어가는 크기였다.

이 자장암은 옛날 신라시대에 자장법사가 손가락으로 찔러 만든 암자라고 하는데 다음과 같은 이야기가 전해온다.

지금으로부터 1천4백 년 전 신라 26대 진평왕 때에 자장율사는 출가하고 이곳에서 처음 수행생활을 시작했다. 하루는 자장이 쌀을 씻으려고 샘물가로 갔는데 개구리 한 쌍이 옹달샘 안에서 흙탕물을 일으키며 놀고 있었다.

자장이 개구리를 잡아냈으나 다음날이면 또 그 개구리가 샘물을 흐려 놓곤 했다. 개구리를 잡아 자세히 살펴보니 보통 개구리와 달리 입과 눈가에 금줄이 있었다.

“이것도 부처님의 인연이로다!”

이렇게 생각한 자장율사는 절 뒤편 절벽에 손가락으로 찔러 구멍을 만들어 그곳에 개구리를 놓아주었다. 그리고 영원히 죽지 말고 자장암을 지키라 하고 금개구리라 이름을 붙여주었다.

그때부터 금개구리는 자장암을 떠나지 않았다고 한다. 소문을 들은 한 관리가 그 내용을 의심하였다. 그는 개구리를 잡아 상자에 넣고 뚜껑을 단단히 닫아서 들고 갔다. 그런데 가다가 뚜껑을 열어보니 금개구리가 감쪽같이 사라지고 없었다. 다시 자장암으로 가보니 개구리가 어느새 그곳에 와 있었다고 한다. 지금도 통도사에 경사스러운 일이 있을 때면 금개구리가 대웅전 법당 위에 나타난다는 말이 전해지고 있다.

성덕산 관음상

성덕산(聖德山)은 전남 곡성군 화면 신세리에 있는 산이다. 이곳에 관음사라는 절이 있는데 서기 300년(백제 분서왕 3년)에 성덕(聖德)이라는 여인이 지었다고 하며 다음과 같은 이야기가 전해 내려오고 있다.

어느 날 돌 배 한 척이 낙안 앞바다에 멈추어 섰다. 배 안은 텅 비어 있고 단지 관음상 하나가 실려 있었다.

관리가 그 배를 육지에 데려고 하자 배는 스스로 움직여 멀리 바다 한 가운데로 사라졌다.

다음날, 근처 해변에 사는 성덕이라는 처녀가 일찍 자리에서 일어나 바다를 바라보았는데 돌 배 한 척이 서서히 다가오는 것이 보였다.

성덕처녀가 바닷가로 나가 배에 올라가보니 사람은 하나도 없고 관음불상 하나만 있었다. 성덕처녀는 불상 앞에 엎드려 수없이 절한 후 불상을 등에 업었다. 신기하게도 불상은 솜털같이 가벼웠다.

한참을 등에 업고 가다가 성덕산에 이르렀는데 가벼웠던 금불상이 점점 태산처럼 무거워졌다.

"부처님이 이곳에 머무르고 싶어 하시는구나."

성덕처녀는 부처님의 뜻을 헤아려 그 자리에 절을 짓고 관음보살상을 모셨다. 성덕산 관음사의 불상은 그런 까닭으로 그곳에 계시게 되었다고 한다.

나라가 망할 징조

　　나라에 좋지 않은 일이 생기면 해괴한 일들이 일어나곤 했다는 기록이 남아 있다.

　　백제가 망할 때는 궁궐의 샘물이 핏빛으로 변했다고 하며 왕건이 고려를 세울 때는 여러 경사스러운 징조들이 나타났다고 한다.

　　신라가 망하기 직전인 신라 말기에도 갖가지 해괴한 일들이 일어났다. 그 일들이 사실인지 아닌지를 따지기보다는 왜 그런 일들이 일어나고 소문이 퍼졌는지를 생각해보는 것이 중요하다. 우리가 사는 지금 세상에도 갖가지 유언비어들이 떠돈다. 그런 유언비어들은 어떤 음모를 꾸미는 사람들에 의해 의도적으로 퍼지기도 하고, 그에 맞서는 사람들에 의해서 새로운 유언비어가 또 퍼지기도 한다. 신라시대의 괴변들도 그런 관점에서 이해해야 할 것이다.

　　신라 말기 불교와 관련된 괴변들을 보면, 효공왕 때 봉성사(奉聖寺) 대웅전에 까치가 집을 짓고 살았다고 하며 훗날 다음 임금 때에는 영취사(靈鷲寺) 다락에 따오기가 둥지를 34개, 다른 새들이 둥지를 40여 개나 틀었다고 한다. 또 경문왕 때에는 법당에 그린 사슴이 울어서 사흘 동안 불공을 드려 울음을 잠재웠다고 한다.

도선국사와 풍수지리설

　도선국사(道詵國師. 서기 827~898)의 본래 성은 김 씨이고 전남 영암 사람이다. 태종무열왕의 자손이라고도 알려져 있는데 어머니가 꿈에 영롱한 구슬 한 알을 삼키고 국사를 잉태했다고 한다.

　도선국사는 승려로서보다는 우리나라 음양풍수지리설의 대가로 유명하다. 15세에 화엄사로 들어가 대경(大徑)을 공부했고 동리산 혜철선사를 찾아가 무법(無法)을 배웠으며 23세에 정식 승려가 되엇다.

　명산을 두루 다니다 희양현(晞陽縣. 지금의 광양)의 옥룡사(玉龍寺)에 머물러 수행하였으므로 사람들이 그를 옥룡자(玉龍寺)라 부르기도 했다.

　도선국사가 옥룡사에 오기 전에 지리산 구령에서 암자를 짓고 있을 때 어떤 사람이 찾아와서 말했다.

　"저는 산에 묻혀 산지 오래입니다. 제가 깨우친 술법이 하나 있어 스님께 전하고자 하니 잡술이라 여겨 버리지 않으신다면 남해(南海)로 오십시오. 보살이 중생을 구제하는 방법은 여러 가지이니 부디 버리지 마십시오.”

국사가 약소한 장소를 찾아가니 그 사람이 와서 모래를 모아서 산과 강의 모양을 만들어가면서 자세하게 지리를 가르쳐주었다. 그곳이 바로 구례 화엄사 밑에 있는 사도촌(沙島村)이다.

그때부터 도선국사는 날마다 산과 강을 살피고 땅의 모양을 관찰하여 기록했다. 그 기록이 바로 「도선비기(道詵秘記)」이다.

그 후부터 지리와 음양학에 통달하였는데, 한 번은 송악산(松岳山)에 올라가 산수(山川)의 기운과 모양을 살핀 뒤 내려와 왕융(王隆)이라는 사람이 새로 지은 집을 보고 탄식했다.

“아깝구나. 기장(볏과의 곡물)을 심을 땅에 삼(한해살이 풀)을 심었으니!”

왕융의 부인이 이 말을 듣고 남편에게 알리자 왕융이 달려 나가 도선국사에게 가르침을 청하였다.

도선국사는 왕융을 데리고 다시 산에 올라가서 먼저 산수의 맥을 살피고 다시 위로 하늘과 아래 땅을 살핀 뒤 말했다.

“이 산맥이 백두산으로부터 뻗어내려 물 기운이 강하니 물(水)의 운세를 의지해 집을 지어야 하오. 그러면 천지의 뜻에 부합하여 내년에 반드시 위인을 낳을 것이니 이름을 건(建)으로 하시오.”

왕융은 국사의 말대로 다시 집을 지었고 이듬해 고려태조 왕건이 태어났는데 붉은 기운이 집안을 감싸고 종일 사라지지 않았다고 한다.

이렇게 태어난 왕건은 어려서부터 지혜롭고 자비심이 많았으며 목소

리가 우렁차 장차 큰 뜻을 이룰 인물로 보였다. 왕건이 17세에 도선국사
를 다시 만났을 때 국사가 이렇게 말했다고 한다.

"온 세상이 그대가 구제하여 주기를 바라고 있으니 뜻을 펼치시오."

도선국사에 대해서 또 다른 설화가 남아 있다.

도선국사는 처음에 월암사(月岩寺)에서 출가했는데 불법을 총명하게
깨우치므로 절의 숟가락과 젓가락을 맡겼다. 그런데 그 무렵 아버지의 무
덤 자리를 잡기 위해서 사방에서 현인(賢人)을 구하고 있던 당나라 황제
의 꿈에 한 귀인이 나타나 말했다.

"해동으로 가서 도선을 찾아라."

당나라 황제는 곧 신하들을 월암사로 보냈다. 신하들이 보니 마침 큰
법회가 열려 사람들이 구름처럼 모여 있는데 스님들이 한 어린 중을 부르
는 소리가 들렸다.

"도선아! 도선아! 어서 수저 가져 오너라."

신하들은 도선을 찾았으나 당나라로 가자고 하면 거절할 것 같았으므
로 꾀를 내었다. 그들은 모든 승려들에게 비단을 나눠주다가 어린 도선의
차례가 되자 말했다.

"가지고 온 비단이 떨어져서 줄 수가 없구려. 우리 배에 비단이 많으니
같이 갑시다. 그러면 얼마든지 비단을 줄 것이오."

도선은 사양했으나 당나라 신하들이 간곡히 청하므로 마지못해 따라
갔다. 도선이 배에 타자 배는 그대로 당나라를 향해 출발했다.

배가 당나라에 도착한 어느 날 웬 기인이 나타나 도선에게 말했다.

"황제가 그대를 데려온 것은 죽은 아버지의 무덤 자리를 찾기 위함이다. 그대는 황제에게 궁궐에 있는 병든 백마를 달라고 하라. 그 병든 백마를 타고 가다가 백마가 머뭇거리면 그 자리가 좋은 자리이고, 다시 백마가 가다가 쓰러져 다시 일어나지 못하거든 그 자리가 최고의 명당인 줄 알라."

그리고 기인은 사라졌다.

이튿날, 황제가 도선을 불렀다.

"내가 멀리 신라에까지 가서 너를 데려오게 한 것은 돌아가신 황제의 무덤 자리를 잡으려고 그런 것이다. 너는 네 힘을 다하여 힘쓰라."

도선은 그 기인이 일러준 대로 당나라 황제의 무덤 자리를 잡아주었다고 한다.

도선은 72세에 입적했는데, 후에 효공왕은 요공선사(了空禪師)라는 시호를 내렸고, 고려의 현종은 대선사(大禪師), 숙종은 왕사(王師), 인종은 선각국사(先覺國師)라는 칭호를 내렸다고 한다.

흥륜사의 보현보살 벽화

신라 진흥왕 5년에 세워진 흥륜사(興輪寺)가 제 54대 경명왕(景明王) 때에 화재로 흥륜사 남문과 양 옆의 건물이 탔으나 보수를 하지 못하고 있었다.

정화(靖和)와 홍계(弘繼)라는 스님이 시주를 받아 절을 보수할 궁리를 하였으나 워낙 큰 공사이므로 쉽지가 않았다.

그런데 경명왕 5년 5월 15일에 제석신(帝釋神. 한 집안의 수명과 재산을 맡아보는 신)이 흥륜사 왼편에 있는 불경 보관 서고에 내려와 열흘 동안 머물렀다.

그 동안 절은 물론 사방의 풀과 나무, 돌과 흙에서 향기가 풍기고 오색 구름이 절 주위를 감쌌다. 백성들이 이를 보고 감탄하여 서로 앞을 다투어 금은보화와 재물, 재목, 곡식 등을 시주하였고, 전국에서 장인들이 몰려와 하루 만에 불탄 남문과 건물을 완공했다.

제석신이 다시 하늘로 올라가려고 하자 정화와 홍계 두 스님이 절하며 말했다.

"저희가 제석신의 모습을 그려 정성껏 공양하며 은혜를 갚고자 합니다."

그러나 제석신은 사양하며 말했다.

"나의 기운은 보현보살의 신통력을 따라가지 못하니 보현보살을 그려 공양함이 좋을 것이다."

정화, 홍계 두 스님은 제석신의 가르침을 받들어 보현보상을 절의 벽면에 그렸다고 한다.

일연스님은 그 보현보살상이 스님이 살아 있을 때에만 해도 남아 있었다고 기록하고 있다. 그러나 몽고군의 침략 때 불탄 후론 그 흔적이 남아 있지 않으니 안타깝다.

젖먹이를 보살핀 관음상

「삼국유사」에는 중생사의 위치와 규모가 나와 있지 않고, 운허선사(耘虛禪師)가 지은 「불교사전」에도 '서라벌에 있던 절'이라는 짧은 기록만 남아 있다.

그러나 「삼국유사」는 다음 이야기를 남겨 그 절의 관음상의 신통력을 알리고 있다.

신라 서라벌에 있던 중생사의 대비상(大悲像. 관음상을 말함)은 덕과 신통력이 매우 높아 여러 기적을 일으켰고, 그 그림의 묘사가 매우 절묘하였다.

옛 이야기에 따르면 중국의 한 황제가 후궁을 두었는데 그 아름다움을 비교할 데가 없었다. 황제는 그 후궁을 매우 사랑해서 유명한 화공에게 후궁의 미인도를 그리라고 명했다. 화공은 날마다 몇 시간씩 궁궐로 들어가 미인도를 그렸고 마침내 그림을 완성했다. 그런데 붓을 든 채 마지막으로 그림을 들여다보다가 붓끝에서 물감이 떨어져 후궁의 배꼽 아래 붉은 점이 찍히고 말았다.

화공은 그 점을 지우려고 했지만 아무리 애를 써도 붉은 점은 지워지지 않았다.

"이것은 분명 하늘의 뜻이다."

화공은 점이 찍힌 미인도를 황제에게 바쳤다.

그림을 본 황제는 후궁과 꼭 닮은 그림을 보고 화공을 칭찬하다가 문득 배 아래에 있는 붉은 점을 보고 크게 노해 소리쳤다.

"그림은 비록 아름다우나 배꼽 밑의 점은 옷 속에 가려져 있어 나밖에는 알 수가 없다. 그런데 어찌 알고 그것까지 그렸단 말이냐. 바른대로 사실을 고하라."

화공은 옥에 갇혀 엄한 벌을 받게 될 처지에 놓였다. 그때, 화공의 진실됨을 평소부터 알고 있는 승상이 아뢰었다.

"화공의 마음이 충직하니 절대로 부정한 일을 하지 않았을 것이옵니다. 화공을 용서해 주소서."

황제도 짐작만 할 뿐 증거가 있는 게 아니므로 화공에게 살 기회를 주기로 했다.

"너의 천성이 어질고 곧다면 살 길이 있을 것이다. 내가 어젯밤 꿈에 한 사람을 보았는데 그 사람의 형상을 그려 바치면 너를 용서하겠다."

화공은 기가 막혔으나 마음속으로 부처님을 외면서 손이 움직이는 대로 붓을 놀려 11면 관음상을 그렸다. 황제는 깜짝 놀랐다. 자신이 꿈에 본 부처님이 그림 속에 있는 것을 본 황제는 비로소 의심을 풀고 화공을 살려주었다.

죽는 줄만 알았던 화공은 부처님의 자비로운 덕이 자신을 살렸음을 알고 그때부터 부처님을 정성껏 모셨다.

그 후 화공은 신라에서 불교를 크게 일으키고 있다는 말을 듣고 친구 분절(分節)에게 권했다.

"들으니 신라가 불법을 매우 존중한다 하네. 나와 함께 배를 타고 신라로 건너가 같이 불법에 힘을 보태지 않겠는가?"

그리고 신라로 와서 중생사가 창건할 때에 법당에 관음상을 그렸다. 관음상이 완성되자 모든 백성이 칭송하고 예불하며 기뻐하였다.

신라 말기에 최은함(崔殷誠)이라는 사람이 아들이 없어 고민하다가 중생사 관음상 앞에 와서 기도하였다. 그 길로 부인이 임신을 해서 아들이 태어났다. 그러나 석 달도 안 돼 후백제 견훤의 군사가 침략해오니 사람들이 두려워하고 피난하였다.

최은함도 피할 생각을 하였지만 아들을 안고 피난하다가는 아들은 물론 부부도 살지 못할 것 같아 아들을 안고 중생사 관음상 앞으로 나아갔다.

"자비로우신 부처님, 이 아이가 진정 부처님이 주신 생명이라면 자비로운 힘으로 보호하시어 나중에 다시 만나게 해 주십시오."

그리고 강보에 아이를 싸서 부처님이 앉은 자리 밑에 감추어 두고 피난을 떠났다.

보름이 지나 적군이 물러가자 최은함 부부가 피난길에서 돌아와 관음상 그림 밑을 살폈다. 그런데 보름이나 혼자 지낸 아기의 살결이 뽀얗고

갓 젖을 먹은 듯 입에서 젖 냄새가 풍겼다.

최씨 부부가 아이를 안고 집으로 돌아와 키웠는데 아이가 매우 영리했다. 그 아이는 자라서 정광(正匡)이라는 높은 벼슬에 올랐다고 하며 최은함은 신라가 망할 때 경순왕을 따라서 고려에 귀의하여 평온한 삶을 보냈다고 한다.

고려시대에 들어 무슨 일인지 절이 점점 쇠퇴하여 절 살림 꾸리기도 점점 어려워졌다. 하루는 주지 스님이 관음상 앞에 엎드려 이렇게 빌었다.

"자비로우신 관세음보살님, 늘 부처님을 받들고 향을 피워왔으나 절 살림이 어려워져 더 이상 공양을 드릴 수가 없습니다. 할 수 없이 다른 곳으로 떠나려고 이렇게 작별 인사를 드리오니 용서해주옵소서."

그날 밤 꿈에 관음보살이 나타나 말했다.

"너는 떠나지 말라. 나라도 동냥을 해서 네가 공양할 수 있도록 할 것이다."

성태스님은 깜짝 놀라 잠에서 깨어 자신의 잘못을 뉘우치고 관음상 앞에 나가 엎드려 절했다.

그로부터 13일이 지났는데 낯선 두 사람이 달구지 두 개에 잔뜩 짐을 싣고 절 안으로 들어왔다. 스님들이 어디에서 온 누구냐고 묻자 그들이 대답했다.

"저희는 금주(金州) 땅에 사는 사람들입니다. 며칠 전 한 스님이 마을에 와서 중생사에서 왔는데 절이 가난하여 이렇게 동냥을 다닌다 하셨습니다. 그리고 근처를 다니시며 소금 넉 섬과 쌀 여섯 섬을 얻은 후 저희를 시켜 보낸 것입니다."

"우리 절에서는 동냥을 나간 일이 없소. 그대들이 잘못 온 것 같소."

중생사 스님들이 이렇게 대답하자 그들은 고개를 저었다.

"아닙니다. 그 스님이 저희와 함께 오다가 이 앞 우물가에서 이 절이니 먼저 들어가라고 하셨습니다."

스님들은 어리둥절했으나 그들을 법당 앞으로 인도해 짐을 내리게 했다. 그런데 그들이 문득 관음상 그림을 보더니 눈이 휘둥그레졌다.

"저 관음보살님이 동냥 오셨던 스님과 꼭 닮았습니다."

그들은 고향에 돌아가 자신들이 겪은 이야기를 했고 그 이야기에 감탄한 금주 사람들은 해마다 중생사에 쌀과 소금을 바쳤다고 한다.

한 번은 중생사에 화재가 나서 한 스님이 관음상을 밖으로 모셔내려고 했는데 보이지 않아 찾아보니 관음상이 이미 마당 가운데에 서 계셨다. 그런데 관음상을 밖으로 모신 사람은 없었다고 한다.

그 후, 고려 명종 때에는 글은 모르지만 천성이 착한 점숭(占崇)이라는 스님이 중생사를 지키며 부처님께 끊이지 않고 예불을 드렸다. 한 못된 스님이 이 절을 빼앗으려고 높은 자리에 있는 대신에게 부탁해 함께 중생사로 왔다. 대신은 점숭스님에게 경전의 원문을 풀이한 책을 내밀며 읽어보라고 했다.

"중생사는 다른 절과 달라서 나라에서 복을 기원하는 절이니 글을 읽을 수 있는 사람이 지켜야 한다."

그런데 놀랍게도 글을 전혀 모르는 점숭스님이 책을 받아 물 흐르듯 읽어냈다.

대신은 놀랐으나 다른 방으로 갔다가 점승스님을 다시 불러서 그 책을
또 읽어보라고 했다. 그러나 이번에 점승은 한 글자도 읽지를 못했다.
대신은 비로소 관음보살님이 하신 일임을 깨닫고 절을 빼앗지 않았다.
일연스님은 「삼국유사」에 점승스님 이야기는 점승과 함께 중생사에서
생활했던 처사 김인부(金仁夫)의 체험담을 직접 듣고 적은 것이라는 글을
덧붙여 놓았다.

돌 해골을 제자 삼은 승전선사

승전(勝詮)선사의 자세한 내력은 기록이 남아 있지 않다.

선사는 일찍이 배를 타고 중국으로 건너가 현수국사(賢首國師) 밑에서 수행하고 불법에 정진했다.

고국으로 돌아온 선사는 상주영내(尙州領內)의 개령군(開寧郡)에 절을 세우고 돌 해골을 제자로 삼아 화엄경을 강설하였다. 그 장소가 바로 경북 개령에 있던 갈항사(葛項寺)이다. 선사가 제자로 삼았던 돌 해골 80여 구는 고려 때까지 존재했는데 많은 신기한 기적을 행했다고 한다.

해골을 제자로 삼았다는 승전선사의 얘기가 황당하게 들릴 수도 있다. 그러나 다시 생각해보면 돌 같은 우둔한 인간도 종교에 의지해 수행을 게을리 하지 않는다면 깨달음을 얻을 수 있다는 큰 뜻이 담겨 있음을 알 수 있다.

되찾은 호국룡과 자라의 구슬

신라 원성왕 때에 당나라 사신이 신라에 와서 한 달 동안 머물다가 간 적이 있다. 이들이 떠난 뒤에 두 젊은 여인이 급히 달려와 원성왕에게 아뢰었다.

"저희들은 호국룡(護國龍)들의 아내입니다. 이번에 당나라 사신들이 저희들의 남편과 분황사 우물 속의 용까지 잡아가려고 도술에 능한 사람들을 데리고 왔습니다. 그들이 주문을 외워 세 용을 작은 물고기로 만들어 병에 넣어 돌아갔습니다. 이런 기막힌 일이 어디 있겠습니까. 세 용은 모두 호국룡이니 왕께서 이 용들을 도로 찾으시어 나라를 지키게 해주옵소서."

이 말을 들은 왕은 크게 놀라 친히 군사를 거느리고 당나라 사신을 쫓아갔다. 겨우 그들의 가는 길을 막은 왕은 먼저 연회를 베풀어 잘 먹인 후 꾸짖었다.

"그대들은 어찌하여 남의 나라에 와서 호국룡을 도둑질해 가는가?"

당나라 사신은 그런 일이 없다고 뚝 잡아뗐다.

원성왕은 더욱 엄하게 꾸짖었다.

"바른대로 말하고 용을 내놓지 않는다면 죽음을 면치 못할 것이다."

당나라 사신은 더 이상 발뺌을 할 수 없음을 깨닫고 물고기 세 마리가 든 병을 원성왕에게 주었다.

왕이 그 물고기들을 갖고 돌아와 그들이 살던 연못과 우물에 놓아주니 커다란 용으로 변해 물속으로 들어갔다.

그 뒤 왕이 청룡사의 지혜화상(智慧和尚)을 청해 궁궐에서 50일 동안 화엄경을 강론하게 했다. 그때 중 묘정(妙正)이 날마다 금광정(金光井)에서 발우를 씻는데 커다란 자라 한 마리가 우물 속에서 헤엄치는 것을 보고 매일 남은 밥을 자라에게 먹였다.

50일 법회가 끝나갈 무렵, 묘정은 자라를 보고 장난스럽게 말했다.

"내가 오랫동안 너를 먹여 살렸는데 너는 은혜 갚을 줄도 모르는구나."

그리고 며칠 뒤 묘정이 우물가에 오자 자라가 자그마한 구슬 하나를 토해냈다. 묘정은 그 구슬을 허리에 차고 다녔다. 그 뒤부터 왕이 묘정을 총애해 당에 사신으로까지 보냈다. 그런데 당나라 황제도 묘정을 보자마자 총애하고 당의 신하들까지 묘정을 존경했다.

그러던 어느 날 한 관상가가 황제에게 아뢰었다.

"묘정을 아무리 뜯어봐도 이렇게 복된 얼굴이 아닌데 넘치는 사랑을 받으니 반드시 무슨 특별한 물건을 지녔기 때문일 것입니다."

황제가 즉시 묘정의 몸을 조사하게 하니 눈부신 작은 구슬이 나왔다.

황제가 놀라며 말했다.

"내가 여의주 세 개를 갖고 있다가 지난해에 하나를 잃었는데 이 구슬이 바로 잃어버린 그 여의주이다!"

묘정이 구슬을 얻게 된 사연을 이야기했는데 묘정이 구슬을 얻은 시기와 황제가 여의주를 잃어버린 시기가 일치했다.

묘정이 그 여의주를 당나라 황제에게 바친 뒤로는 사람들이 그를 그토록 좋아하며 따르지 않았다고 한다.

혜통화상의 혀

백제의 스님이신 혜통화상(惠通和尙)은 「법화경」을 줄줄 외웠는데 기도와 설법, 경전을 해석하는 데 뛰어나 찾아오는 사람들이 끊이지 않았다.

특히 스님이 설법을 하는 날에는 모여든 중생들이 절 안팎을 가득 메웠고 불법을 믿지 않던 사람도 한 번 스님의 설법을 들으면 모두 불자가 되었다.

스님은 59세에 입적했다. 함께 수행하던 스님들이 스님의 시신을 돌로 만든 관 안에 모셨는데 호랑이가 나타나서 스님의 몸을 남김없이 먹었으나 뼈와 혀는 남았다. 또 신기하게도 3년이 지나도 스님의 혀가 살아 있는 사람의 혀처럼 붉고 부드럽더니 그 후에야 돌처럼 굳었다. 신자들은 스님의 혀를 탑 속에 넣어 모셨다고 한다.

지금 사람들이 보면 도저히 믿기 어려운 이야기이다. 하지만 혜통스님이 그만큼 설법에 뛰어났음을 알리기 위한 내용으로 보면 될 것이다.

불행한 지식인 최치원

최치원(崔致遠)은 신라시대의 뛰어난 유학자이지만 불교에 끼친 업적
또한 매우 크다. 다음 이야기는 김부식이 지은 「삼국사기」에 나오는 내용
이다.

그는 어려서부터 총명하여 네 살 때 글을 배우기 시작해 열 살 때 사서
삼경을 읽었다. 열두 살이 되자 학문 공부를 위해 당나라로 떠났는데, 아
들을 보내며 그의 아버지는 이렇게 당부했다고 한다.

"십 년 안에 과거에 급제하지 못한다면 내 아들이라고 하지 말아라. 나
역시 아들이 있다고 하지 않을 것이다. 가서 힘써 공부하라."

당나라에 간 최치원은 졸음을 쫓기 위해 상투를 매달고 가시로 몸을
찔러가며 남들이 백을 노력하는 동안 천의 노력을 했다. 그리하여 6년만
인 874년에 빈공과 시험에서 장원으로 합격했다. 빈공과는 당나라에서
외국인을 위해 실시한 과거시험으로 합격하면 당나라에서 벼슬을 할 수
가 있었다.

과거에 합격하고 2년 뒤 관직에 나아가 비교적 높은 벼슬을 지냈다. 그 무렵 '황소의 난'이 일어났는데 토벌대장 고변이 최치원에게 글을 짓게 해 황소가 장악한 지역에 뿌렸다. 그것이 바로 유명한 「토황소격문기」이다.

「토황소격문기」의 문장이 얼마나 뛰어났던지 황소는 글을 읽다 너무 놀라서 침상 아래로 떨어졌다고 하며, '황소를 격퇴한 것은 칼이 아니라 최치원의 글'이라는 소문이 떠돌았다고 한다.

28세에 17년 동안의 당나라 생활을 마치고 귀국하자, 헌강왕은 최치원에게 당에 보내는 문서 등을 작성하는 직책인 '시독 및 한림학사' 벼슬을 내렸다. 그러나 이듬해 헌강왕이 죽자 지방으로 보내져 태산군 태수가 되었다. 그는 학식이 높고 펼치고 싶은 뜻이 많았으나 당시 신라는 혼란의 소용돌이에 빠져있었다. 지방 호족들이 왕실을 위협했고 각지에서 반란이 일어났다. 그러나 최치원은 신라 개혁의 의지를 담아 「시무십조(時務十條)」를 진성여왕에게 올리며 신라에 대한 희망을 놓지 않았다. 진성여왕은 6두품 출신인 최치원에게 아찬 벼슬을 주고 개혁을 실천하려 했지만 진골 귀족들이 받아들이지 않았다.

그 후 그는 관직을 그만 두고 산이나 바다, 계곡 등을 다니며 글씨 쓰기와 공부에만 힘썼다. 또한 청계사, 쌍계사 등에 자취를 남겼고 말년에는 해인사에 머물며 책 짓기에 몰두했다. 최치원이 언제 죽었는지는 기록이 남아 있지 않다. 방랑하다가 죽었다는 말도 있고 신선이 됐다는 말도 있다.

최치원은 불행한 지식인이었다. 당나라 황제의 인정을 받았지만 당에

崔孤雲

서는 외국인이었고, 신라에서는 신분제도인 골품제에 묶여 자신의 능력
을 마음껏 펼칠 수 없었다. 만일 신라의 권력층이 그를 받아들였다면 그
는 중국에서 익힌 학문과 정치 경험을 살려 신라에 새로운 개혁의 바람을
불러일으켰을지 모른다. 그랬다면 신라의 멸망이 조금 늦춰졌을지도 모
른다.

정권에서 소외된 그는 승려 사회에서도 한 신도 이상의 대접은 받지
못했다. 만일 승려 사회에서라도 그를 받아들이고 그의 개혁안을 따랐다
면 기복불교(祈福佛敎)로 전락해버린 신라 말의 불교도 새롭게 번성했을
지 모른다.

그러나 역사에 만일이라는 가정은 없다고 했다. 신라는 뛰어난 학자의
재능을 무시했고 곧 멸망의 길을 걸어야 했다.

모란꽃 왕과 할미꽃 노인

설총(薛聰)은 원효대사와 요석공주 사이에서 태어난 뛰어난 학자이다. 스님은 아니나 천 년 신라 역사에 큰 발자국을 남긴 인물이므로 여기에 소개하고자 한다.

설총은 지혜롭고 영리했다. 유교 학문을 쉽게 깨우쳤고 중국의 한자에서 발음과 뜻을 빌려 우리말을 표현하는 방법인 이두(吏讀)를 만들어 십게 학문을 배울 수 있게 했다.

어느 여름에 신문왕이 설총과 함께 앉아 있다가 말했다.

"오늘은 지루하게 내리던 장맛비도 그쳤으니 재미있는 이야기로 우울한 기분을 풀고 싶소. 나를 위해 이야기를 해주시오."

그러자 설총은 꽃왕 이야기를 시작하였다.

옛날에 꽃 중의 왕인 모란이 처음 들어왔을 때의 이야기입니다. 모란이 예쁜 꽃을 피우자 그 아름다움에 반한 꽃들이 다투어 달려와 모란꽃에게 인사를 올렸지요. 그런데 그들 중에서 곱게 단장하고 눈에 띄게 아름다운 여인이 걸어 나왔습니다. 그 여인은 이렇게 말했지요.

"저는 눈 같이 하얀 모래를 밟고 맑은 봄비에 몸을 씻고 맑은 바람을 쐬며 사는 장미입니다. 화왕께서 덕이 높으시다 하여 찾아왔으니, 곁에서 모실 수 있도록 허락해 주십시오."

꽃왕은 기뻐하며 장미 여인을 맞으려 했습니다.

이 때 또 다른 이가 앞으로 나섰습니다. 거친 베옷을 걸쳤고 허리에는 가죽 띠를 맸으며 손에는 지팡이를 짚었는데 머리는 백발이었지요. 꽃왕은 그에게 누구냐고 물었습니다. 그러자 노인이 대답했답니다.

"저는 서울 성문 밖 큰 길 가에 삽니다. 아래로는 푸른 들을 바라보고 위로는 높은 산봉우리를 우러러보며 살지요. 제 이름은 할미꽃인데 모두들 저를 흰머리 노인이라 부릅니다."

꽃왕이 그를 반겨하지 않는 것 같으니 노인은 다시 말했습니다.

"왕께서는 온갖 맛있는 음식을 먹고 향기로운 술을 드시겠죠. 그러나 건강하려면 쓴 음식과 쓴 약도 먹어야 합니다. 또한 병으로 생긴 독을 없애기 위해서는 독한 약도 먹어야 합니다. 옛글에 아무리 좋은 옷감이 있어도 띠풀이나 왕골 같은 천한 물건 또한 버려서는 안 된다고 했습니다. 대왕의 생각은 어떠신지요?"

모란꽃 왕은 노인의 말이 모두 옳기는 하나 자신을 가르치려 하는 것 같아 기분이 좋지 않았지요. 그때 옆에 있던 신하가 여쭈었어요.

"여인 장미와 흰머리 노인 할미꽃 둘 중에 누구를 곁에 두시고 누구를

弘儒侯 薛聰像

보내시렵니까?"

모란꽃 왕이 쉽게 대답하지 못하자 흰머리 노인이 말했습니다.

"저는 꽃왕이 총명하여 옳은 이치를 알고 있으리라 믿었습니다. 그런데 지금 보니 제 생각이 틀렸습니다. 임금 되는 자는 간사하게 아첨하는 자를 멀리 하고 정직한 자를 가까이 해야 하는데 그런 왕이 드뭅니다. 그래서 맹자(중국 전국 시대 사상가. 학문이 깊었으나 깊이 받아들이는 왕이 없었다)는 불우하게 생을 마쳤고, 풍당(중국 한나라 때 사람. 훌륭한 정책들을 제안했으나 높은 관직에 오르지 못했다)은 머리가 희도록 뜻을 펼치지 못했습니다. 그러니 지금인들 크게 다르겠습니까?"

모란꽃 왕은 흰머리 노인의 말을 듣고 크게 깨우쳤습니다. 그래서 흰머리 노인에게 말했다지요.

"내가 잘못했다. 그대는 내 옆을 떠나지 말라."

설총이 이야기를 끝내자 신문왕은 생각에 잠긴 얼굴로 말했다.

"그대의 이야기에 참으로 깊은 뜻이 숨어 있구려. 부디 이 이야기를 글로 남겨 왕이 되는 자가 읽어 교훈을 삼게 하시오."

그리고 신문왕은 설총에게 높은 벼슬을 내렸다고 한다.

신라의 멸망과 마의태자

신라의 불교는 단순한 종교가 아닌 호국불교였다. 삼국통일이라는 위대한 야망을 위해 신라는 불교를 전략적으로 받아들여 신라가 부처님이 선택한 나라라고 주장했으며 불교를 바탕으로 나라의 힘을 기르고 백성을 단결시켰다. 팔관회, 황룡사 9층탑 건립, 세속오계 등 불교 관련 행사며 공사는 모두 불교정신을 바탕으로 나라의 힘을 집중시키려는 뜻이 담긴 것들이었다.

그러나 신라 말기에 왕권이 약해지고 왕족과 귀족들의 부정부패가 심해지면서 불교는 더 이상 나라를 하나로 단결시키는 역할을 수행할 수 없었다. 새로 권력을 잡으려는 자들은 새로운 사상과 명분이 필요했다. 그때까지 신라불교의 중심이었던 경전과 형식을 중시하던 교종 대신 풍수지리설과 참선, 개인을 중시하는 선종의 세력이 커졌다. 나라를 지킨다는 호국불교 정신은 개인의 복을 비는 기복신앙(祈福信仰)으로 대체되었다.

천년 신라 역사를 지탱했던 불교 정신이 흔들리니 신라는 결국 멸망할 수밖에 없었던 것이다.

이제 김부식이 「삼국사기」에 남긴 기록을 통해 신라의 멸망과정과 신라의 마지막 태자였던 마의태자(麻衣太子)의 이야기를 해보려 한다.

서기 924년 왕위에 오른 신라 경애왕(景哀王)은 친고려 정책을 취했다. 당시는 이미 견훤이 세운 후백제와 왕건이 세운 고려의 힘이 신라를 상당히 압박하던 때였다. 신라와 고려의 연합에 불안을 느낀 견훤은 927년에 군사를 이끌고 신라의 서울 경주를 침입했다. 포석정에서 연회를 즐기던 경애왕은 궁궐 안으로 들어가 숨었으나 후백제 군사들에게 잡혀 견훤 앞으로 끌려갔다. 견훤은 경애왕을 협박해 스스로 목숨을 끊게 한 후 경순왕을 다음 왕으로 세우고 철수했다.

경순왕 통치시기에 신라의 힘은 더욱 약해져서 영토는 날로 줄어들고 민심은 고려로 향했다. 결국 서기 935년, 경순왕은 군신회의를 소집해서 고려에 나라를 바치기로 결정하고, 김봉휴를 시켜 왕건에게 국서를 전하려고 했다.

그때 태자가 나서서 강력하게 반대를 했다.

"한 나라의 운명은 하늘이 정한다 했습니다. 끝까지 싸우다 모두 죽을지언정 어찌 힘을 다해 보지도 않고 천년 역사의 나라를 고려에 넘기려 하십니까."

그러나 경순왕의 결심은 이미 확고했다.

“나라의 힘이 이미 쇠약해져 지킬 수가 없으니 더 이상 죄 없는 백성을 죽게 할 수 없다.”

그리고 고려 태조에게 항복하고 태조의 신하가 되었다. 이에 태자는 통곡하며 부왕을 떠나 개골산(지금의 금강산)으로 들어가 풀을 엮어 움막을 짓고 풀뿌리와 나무껍질로 연명하며 평생 거친 베옷을 입고 살다가 죽었다. 그가 신라의 마지막 태자인 마의태자(麻衣太子)이다.